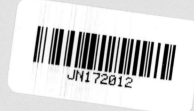

プログラミング教育の考え方とすぐに使える教材集

赤堀侃司［著］

Jam House

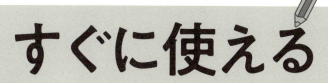

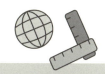

はじめに

2020年から実施される新学習指導要領において、小学校でプログラミング教育が必修化される。これに対して、教育関係者では、多様な声が聞かれる。なぜ、プログラミング教育なのだ、どのように指導すればいいのか、パソコンやネットワーク環境は必要なのか、など、教員の働き方改革が叫ばれる中で、小学校の外国語の必修化に加えて、ますます教員は多忙になり、学校現場は困惑している。そこで、その背景について第1章で述べた。

人工知能やビッグデータなどの新しい技術が、世の中を動かし始めた。人工知能が、碁や将棋の名人や専門家を負かしたというニュースに触れて、人々は驚異の目で見始めた。誤解を恐れずに書けば、それはデータの持つ価値に気が付いたとも言えるが、データを処理するコンピュータに改めて目を振り向かせることになった。その流れは、教育にも影響を及ぼし、小学校からのプログラミング教育の必修化、高等学校では、情報と科学に焦点が移り、汎用的な能力と同時に、科学的な探究活動に比重が移っていった。世界的にも、情報通信技術（ICT）の利用からコンピュータ科学（CS）の理解や探求への流れとなって、プログラミング教育が登場したと考えられるが、その考え方について解説した。

第2章では、プログラミング教育の論理的思考とは何か、について、実験結果に基づいて述べた。もしプログラミング教育で目指す論理的思考が、算数や理科と同じならば、あえてプログラミング教育で育成する必要は、どこにあるのかという疑問に答えることから、実験を行った。その結果については、第2章を参照していただきたい。

第3章では、小学校のプログラミング教育の言語は、ほとんどがビジュアルプログラミングであるが、それは何故か、どのような学習過程と関連しているのか、について、実験に基づいて、述べた。

以上、第1章から第3章までが、プログラミング教育の理論編であり、第4章では、授業で使える教材について、述べた。我が国のプログラミング教育の難しさは、「教科における」という修飾語がついていることである。ほとんどの諸外国のプログラミング教育は、独立教科か独立科目なので、系統的に学びやすいが、我が国の場合は、教科の目標とプログラミング教育の目標の両方を達成しなければならないので、難しいのである。

そこで、モデルがないので、筆者が独自に教材を開発した。プログラミング教育は、いわば教科書がない状況とも言える。最も重要なことは、安価で手軽で誰でも実践できる教材を提供することである。本書の教材は、すべて筆者が考えたもので、他人の物まねではない。ご自由に活用していただければ、有難い。ただ、本教材を用いて発表されるときは、本書を引用していただけると幸いである。さらに、教材はすべて小学生でも作成できるレベルとし、始めから読んでいただければ、教材作りに必要なプログラミング技能は習得できるように、解説した。

本教材のプログラムは、Webサイトで公開しているので、ご質問などは、巻末にある出版元である（株）ジャムハウスのメールアドレスにお問い合わせいただければ、お答えしたい。

2018年2月吉日　赤堀侃司

第4章に示す18教材のプログラム（スクリプト）を、以下のサイトにアップしています。ご希望の方は、アクセスして、ダウンロードしてください。なお、発表する際には、必ず本書を引用するようにしてください。
URL：http://www.jam-house.co.jp/kyouzai/

目次

第4章　教科におけるプログラミング教材……61

第1章

プログラミング教育の背景は何か

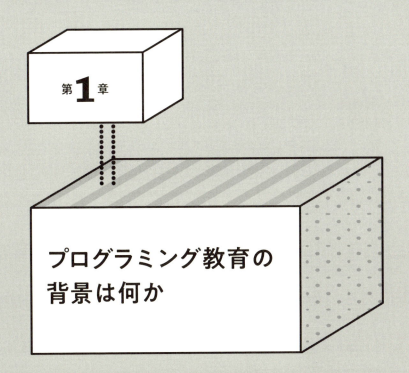

第1章では、プログラミング教育の背景と現状について、いくつかの文献を引用・参考にしながら解説する。公式には、小学校からプログラミング教育が必修になった記述は、文部科学省の告示である次期学習指導要領であり、それは2017年3月に発表されたので、最近のことである。したがって、何故小学校からプログラミング教育が必修なのか、どのような活動をするのか、授業内容はプログラミング言語を覚えることなのか、授業時数はどうなっているのか、機材などのICT環境は十分か、教員は指導できるのか、支援員は必要ないのか、予算は確保されているのか、など難問が山積している。そこで、第1章では、これまでの研究・資料・議論・実践・政策・諸外国の動向などを参照しながら、筆者の考えも加えて、その概要を述べる。

我が国のプログラミング教育は、まだ途に就いたばかりであり、教育関係者にとって混とんとしていると言っても過言ではないだろう。その意味で、第1章では、関係する文献などを紹介して、読者の皆さんに、その概要を知ってもらうことが目的である。ただし、この章で明らかになったことは、Computational Thinkingやプログラミング的思考と呼ばれる、コンピュータ科学を基礎とする考え方が、これからの世界では、必要な資質能力として、認識されてきたことである。

なお本章は、筆者の論文をベースにして、書いたものである（赤堀侃司、2017年a）。

1. 将来の職業の変化とプログラミング教育

プログラミング教育を、何故実施するのかという問いは、いつでも聞かれる。文部科学省では、人工知能などの技術の発展により、人の仕事の質が変わることを指摘し、将来どのような職業に就こうとも、その社会で求められる資質能力を身につける必要があることを述べている(平成28年6月)。その通りであるが、この「仕事の質が変わる」、「現在の職業の半数は、人間に代わってコンピュータが代用する」という未来予測は、多くの学者が指摘しているので、ここでは、その初期の論文を紹介する。

マニュアルでできる仕事は、コンピュータがとって代わり、創造的な仕事は、人間が行うという予測があり、図1は、その説得力のあるグラフとして、

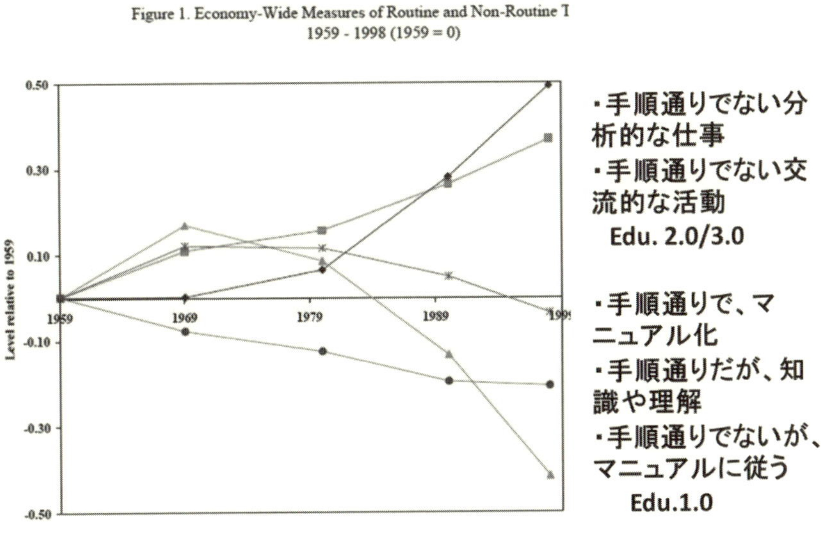

THE SKILL CONTENT OF RECENT TECHNOLOGICALCHANGE: AN EMPIRICAL EXPLORATION*
DAVID H. AUTOR FRANK LEVY RICHARD J. MURNANE
The Quarterly Journal of Economics, November 2003

[**図1**]将来の仕事の予測シミュレーション（David H.Autor, (2003) らによる論文の引用)

よく引用される。ただし、今日議論されていることは、人工知能が、この人間の行う知的な、分析的な、創造的な仕事までも、やってしまうのではないかという、不安と言っても良いだろう。これには、2つの潮流があると思われる。1つは、楽観論・積極論のような議論と、他方は、期待するほどでもないという悲観論・消極論に近い議論だ。楽観論・積極論は、メディアでも多く取り上げられていて、多くの人によく知られているので、ここでは省略しよう。また悲観論・消極論の根拠は、これまでに、何度も人工知能が登場したが、失敗しているからである。教育の分野でも、人工知能が学習システムに実装されたが、実用までいかなかった。Toy（子どものおもちゃ）の世界で、遊んでいると酷評された歴史がある。

本小論は、人工知能について述べることは趣旨ではない。ただし、人工知能はシンギュラリティという技術的特異点が、レイ・カーツワールによって提唱されたことから、世界の注目を集めるようになった。人間の知能を超える時が、2045年と予測したのである。人間の脳細胞の数を、ニューロコンピュータの素子が超えることは、容易であろう。現在の人工知能は、人間の脳をモデルにしたニューラルネットワークによって、判断したり、推論したりできるので、人間と同じように、学習する機能があり、その学習力を高めれば、人間の知能を超えてもおかしくない。その特異点を、シンギュラリティという。シンギュラリティについては、専門的な論文よりも、多くの解説が出されている（例えば、広口正之、2014）ので、それを参照されたい。

いずれにしても、コンピュータという機械、機械というよりも、巨大な技術が、まるでSFの世界のように、現実の社会を変え始めた。それは、文字通り、巨大としか表現のしようがない。教育も、その例外ではない。将来を生きる子どもたちにとって、むしろコンピュータを知ることは、きわめて大切ではないかと考えることは、不思議ではない。ここで、コンピュータを知ると書いた。これは、世界を動かしている巨大な相手を知るという意味であるが、何を知ればいいのだろうか。どのようにコンピュータを使えばいいのか、どのような仕組みなのか、どのような分野で役立つのかなど、多様にあるだろう。端的に言えば、それは、Computational Thinking（計算論的思考)(Jeannette M. Wing(著)2006、(翻訳)中島秀之、2015)と言ってもよいし、プログラミング的思考(文部科学省、平成28年6月)と言ってもいい。先に述べた、コンピュータの使い方、コンピュータの動作、社会におけるコンピュータの役割などよりも、上記の思考法のほうが重要と考えるのは、何故なのだろうか。それを、以下述べる。

2. STEM教育とプログラミング教育

先のComputational Thinkingについて述べる前に、プログラミング教育の背景でもあるSTEM教育について、触れておかねばならない。STEMとは、Science, Technology, Engineering and Mathematicsの頭文字でできていることは、容易に推測できるだろう。ただし、Technology, Engineeringが入っていることに、日本人は、若干の違和感を覚えるのではないだろうか。理科・数学と言えば、理科系の科目という意味を理解できるが、そこに技術・工学と言われると、どこかなじまない気がするのは、小中高等学校で、家庭・技術はあっても、工学はなかったし、理科・数学に比べると、重みが違うことに、子どもも大人も納得しているからである。しかし、大学の専攻では、どうだろうか。高等学校が理数系ならば、理学部を専攻するよりも、工学部とか医学・薬学系などを専攻する生徒が多く、文科系ならば、文学部の専攻というよりも、法学部・経済学部などを専攻する生徒が多い。これは、大学の専攻では、小中高等学校よりも、社会に比重が高いからである。つまり、社会とか職業とのつながりを考えて、大学の専攻を選ぶのである。

社会とのつながりを考えると、理科・数学に技術・工学を加えることに違和感はない。日本語では、理数よりも科学技術というほうが、なじみやすい。したがって、STEM教育は、社会との接続を考えた、学校のカリキュラムと考えるとわかりやすい。それは、理数の教科ができる生徒の育成というよりも、科学技術に優れた人材育成のほうが、なじむ。社会に出て、役立つ能力を身に付けるという意味が、包含されているからである。

アメリカのブッシュ政権とオバマ政権の元で、国際競争力を高めるために、科学技術人材育成として、STEM教育が、重要な教育政策として取り上げられたと言われる（マルチメディア振興センター、2016年）。アメリカでは、専門誌が発刊されており、教育関係者も多いようだ（Journal of STEM Education）。日本ではまだまだ普及しているとは言い難い。埼玉大学にSTEM教育研究センターなどがあるが、その他は、大学と企業や地域と連携するアウトリーチ活動などである（例えば大島まり、他、2015年）。

このSTEM教育が、何故プログラミング教育と関連するかが、重要な視点であるが、英国のComputer at School Working Group（以下、CAS-WGと略す、2012）は、以下のように述べている。

「コンピュータ科学は、STEMとまったく同一の学問領域（discipline）を持っている。

理論的な基礎と数学的な土台を持っており、論理的な思考を含む
測定や実験に対して、科学的な方法を用いる
デザイン、構築、テストなどを行う
広い意味での技術を、理解し、評価し、応用する」

このように、コンピュータ科学との共通性を述べている。言うまでもなく、プログラミング教育はコンピュータ科学を学問の基礎としている。同じように、STEM教育は、科学技術を土台としている。論理的な思考が、どちらも推論のエンジンになっていることは言うまでもない。プログラミング教育では、何かを作る、設計する、テストして修正（デバッグ）をする、ことが基本であるが、STEM教育でも、同じである。そのためには、カリキュラム・マネージメントが、必要になる。

STEM教育は、日本ではあまりなじみがないので、筆者がオーストラリア

[写真1] オーストラリアのケアンズ市Edge Hill小学校の菜園

のケアンズ市に訪問した際の授業を紹介しよう。写真1は、ケアンズ市内にあるEdge Hill小学校の菜園を撮影したものである。この菜園を紹介したのは、紹介していただいた先生が、これはSTEM教育の1つで、キッチン・ガーデン・プロジェクトだと説明したからである。子どもたちは、校庭にある菜園でいろいろな野菜を育てる。いくつかの野菜を栽培し、それで料理する。校庭には、ソーラーシステムがあって、太陽光で発電して、その電気を料理に使う。ゴミが出たら、これを菜園に戻して肥料にするという、循環システムを学習するプロジェクトであった。

栽培するには、生物や化学の知識、ソーラーシステムを理解するには、電気技術の知識、料理を手順良く行うには、プログラムする知識などのように、いくつかの分野の知識が求められる。そこで、STEMの意味が理解できる。Science, Technology, Engineering and Mathematicsで、TやEの中に、プログラムする能力も含まれている。このように考えると、プログラムすることは特別なことではなく、料理のように、目的があり、材料を揃え、手順よく作業し、味見をして、調味料を加減することなどは、Computational Thinkingであり、プログラミング的思考と言ってもよい。その学問背景が、コンピュータ科学なのである。この意味で、プログラミング教育とSTEM教育は、同じ背景を持っている。

3. Computational Thinking と プログラミング教育

プログラミング教育が、世界中で注目され、小学校から正規授業科目として導入されるきっかけを作ったのは、マイクロソフトのフェローで、カーネギーメロン大学の教授であるJeannette M. Wing (2006)と言われる。中島秀之が、J.M.Wingの“Computational Thinking”を、計算論的思考と訳した(中島秀之、2015年)。そこに、コンピュータ科学の基本的な考え方が整理されていて、興味深い。それは、コンピュータのプログラムを作ることが目的ではなく、コンピュータ科学者のように考える方法だと明記している。この考えは、広い概念であり、例えば、数学を学ぶのは、計算することが目的ではなく、数学的な思考法を習得することだ、とも言えるし、社会科を学ぶのは、歴史の年号を覚えることではなく、社会科的な見方・考え方を身につけることだ、とも言える。この論で言えば、すべての教科・科目の目的と同じはないかと思われるかもしれないが、彼女は、3Rである、読み・書き・算の他に、Computational Thinkingを付け加えるくらい、重要だと述べている。その理由を説明するために、いくつかの思考法の概念を述べているが、紙幅の関係で詳細は省略して、プログラミング教育と実践の中で触れたい。ただ、3Rは、この世の中を生きていく上で必須のスキルという意味で、リテラシーと呼ばれるが、Computational Thinkingは、日常生活を送る上で必須の思考法であると主張しており、その意味では、4つめのリテラシーとも言える。

日常生活における思考法、例えば、企画をする場合、何かプロジェクトを起こす場合、問題が起きた時に、実現可能な解決策を提案する場合など、この思考法は、すべてに適用できると考えられる。佐藤安紀 (2017年)は、この思考法を、上記のような場合に適用して解説しているが、興味深い。この思考法の1つに、ヒューリスティックな推論があるが、コンピュータ科学になじみのない人には、少し意外な内容かもしれない。ヒューリスティックとは、発見的などの意味であるが、次の説明がわかりやすい。「発見法ともいわれる。いつも正解するとは限らないがおおむね正解する、という直感的な思考方法。 理詰めで正しい解を求める方法であるアルゴリズムと対比される概念」（コトバンク、2017年）と解説しているので、意外だという意味が、理解されるであろう。コンピュータでプログラムするとは、必ず正解にたどり着ける手順、つまりアルゴリズムだと思っている人が多いからである。

100個の数字の中から、最も大きな数字を取り出す手順は？、と言われれば、その手順は容易に見つかるであろう。しかし、この世の中の問題は、そのような型にはまった問題ばかりではなく、むしろ、容易に解決する手順が見いだせない問題の方が多いことは、誰もが納得するだろう。その時は、経験的に知っている方法、その方法は、偶然に発見したとか、多くの経験の積み重ねによって得られた経験則などが有効で、人はその方法、それは必ず成功することは保証できないが、その経験則を適用することが多い。人は、どうやってもうまくいかない時、経験豊かな先輩や、永く生きてきたお年寄りの知恵を借りることがある。それは、ある意味では、その人の経験や直感に信頼を置いているからである。この意味で、Computational Thinkingが、コンピュータの世界だけでなく、日常生活に必要な思考法だというWingの主張に、意味があることが理解されるであろう。

4. ICTからCSへの転換

情報通信技術（Information Communication Technology; ICT）とプログラミング教育はどのような関係になっているのか、という素朴な疑問がある。これまでは、ICT教育とかICT利活用教育などと呼んでいたので、プログラミング教育と言われると、同じ概念のようでもあるし、異なる概念のようでもある。教育関係者で注目されるのは、英国の2013年のナショナルカリキュラムにおいて、従来の教科「ICT」に代わって 教科「Computing」が新設され、2014年9月より実施されていることであろう（大日本印刷、2017年）。その理由は何であろうか、また、どこが異なるのであろうか。教科「Computing」は、我が国のプログラミング教育の独立教科版と言ってもよい。その親学問は、コンピュータ科学（Computer Science; CS）とも言えるので、英国のナショナルカリキュラムは、ICTからCSへの転換と言ってもよいだろう。この違いについて、CAS-WGは、次のように述べている（Computing at School Working Group、2012年）。

「ICTは、コンピュータという道具の利用者（user）になるためには、どうしたらいいかを教えるが、CSは、それらの道具の著者（author）になることを教えることだ」と言う。ICTをいかに有効に使うか、それは、問題解決のために使うので、確かに有能な利用者になるためと言っても良い。一方、プログラミングを実行することは、自分の考えや意図することを、プログラミング言語によって表現することなので、著者になる、つまりプログラムを書く、ということも理解できよう。また、「天文学は、望遠鏡の使い方だけではないと同じように、CSは、コンピュータの使い方だけでない」というDijkstraの言葉を引用して、その違いを述べている。

「ICTは、現実世界に起きている問題解決のために、コンピュータ活用する技術であり、一方、CSは、自然や人工物を理解したり探索したりするための学問（discipline）だ」とも述べている。少し説明をしておきたい。例えば、私たちは、コンピュータやインターネットを使って調べることを、日常的に行っている。商品という人工物でも、植物という自然でもいいが、それらを探すには、これをデータベースに登録する必要がある。データとは何だろうか、商品ならば、値段、メーカー、分類、製造日などであろうが、その組み合わせによって、検索することができる。象を撫でて、この動物は、このようなもの、と表すことと同じで、データという形で、対象を理解するのである。そして、探す時は、例えば、ある値段以下なのか、商品は何で、メーカーはどのメーカーなのか、などの手がかりが必要であるが、以下とか、一致する、とかは、記号で書けば、≦、＝、などで計算することである。商品、メーカーなど、すべてコード化されていて、コードは、すべて2進数で記録されていることを思えば、商品を、すべて2進数で表し、それを演算することで、検索していることになる。それは、対象物を、それが自然であれ、人工物であれ、データで表し、コンピュータ内部では、2進数で記録し、演算することで、人とやりとりをしている。その仕組みは、計算する、と言ってよい。計算という意味を、数学の計算だけの意味ではなく、対象を、表現し、演算し、出力するすべての動作原理が、「計算する」という意味と解釈してよい。CSは、その基本的な考え方を示した。考え方だけでなく、ICTという技術と結びついて、現実の問題解決に役立って、世界を変えてきたと言っても過言ではない。

このように考えると、CSは、研究（study）、設計（design）、実装（implementation）して、現実の問題解決に関わる学問だという主張もうなずけよう。数学は、世界を記号で表現し、論理的な演算で処理するが、実装まではいかない。文学も、言葉という記号で表現し、科学は、実験や観察などを通して、自然の仕組みを、法則という形で表現したが、実装までは至っていない。その意味では、対象を何かの記号で表し、その背後にある世界の基本を明らかにすることは、学問と名付けていいだろう。CSは、その学問を、工学や技術と結びつけて、現実世界の問題解決をしてきた。その意味では、STEMと関連が深い。

英国のカリキュラムが、ICTからCS（Computing）に移ったことは、上記の意味において、興味深いカリキュラム改革だと言える（マルチメディア振興センター、2016年）。

5. プログラミング教育のカリキュラム

諸外国のプログラミング教育のカリキュラムについては、様々な文献があるので、それを参照されたい（大日本印刷、2017年、マルチメディア振興センター、2016年、大田剛、他、2016年、Australian Curriculum in Queensland,2017年、佐々木綾菜、他、2017年、ベネッセ、2017年）。太田剛（2016年）が、英国、オーストラリア、米国を表にしてまとめているので、理解しやすい。

太田は、①コンピュテーショナルシンキング、②テストと評価、から⑪情報社会まで、11項目について、比較表にまとめている。中でもコンピュテーショナルシンキングは、我が国のプログラミング教育に最も近い概念なので、解説したほうがよいが、ここでは、原文（Computing At School、2015）の代わりに、太田（2016年）の翻訳を引用して、表1に示す。

概念	概要
抽象化	問題を単純化するため，重要な部分は残し，不要な詳細は削除する．
デコンポジション	問題や事象をいつくかの部分に，理解や解決できるように分解する．
アルゴリズム的思考	問題を解決するための明確な手順で，同様の問題に共通して利用できるものである．
評価	アルゴリズム，システムや手順などの解決方法が正しいか，確認する過程である．
一般化	類似性からパターンを見つけて，それを予測，規則の作成，問題解決に使用する．

［**表1**］英国の教科ComputingでのComputational Thinkingの概念（太田剛、他、2016年より引用）

なお、筆者はオーストラリアのQueensland州の教育省を訪問して調査をしたが（Australian Curriculum in Queensland、2017年）、太田の文献にまとめられているので、ここでは、詳細は省略したい。

6. 我が国のプログラミング教育

我が国のプログラミング教育については、次期（新）学習指導要領が告示されたので、その内容を示すことになるが、その前に、いくつかの動向を簡単にまとめておきたい。

教育課程は、正規の授業としての教科・科目の他に、課外活動として、例えば部活動やクラブ活動などがあるが、教育課程に位置づけられた内容については、学習指導要領に明記され、課外活動については、簡単に触れられているが、厳密な拘束力はない。そこで、教育課程に位置づけられた内容は、文部科学省が有識者会議を組織して決め、その実施についても、文部科学省が責任を担っている。また、課外活動のプログラミング教育においては、総務省が中心に進めている（総務省、2017年）。

プログラミング教育は、小学校から必修として実施することが決められている。教育課程における必修という位置づけは、重い。機材やICT環境や時間がないなどの理由で、実施しないということは、許されない。学習指導要領は、法的な拘束力を持つからである。そのためには、文部科学省だけでなく、民間の協力も必要で、ICT環境の整備や課外活動のプログラミング教育との連携という観点からは、総務省の協力も必要であり、冒頭で述べた、将来の職業の変化という観点では、経済産業省の協力も必要になる。かくして、官民の連携で、このプログラミング教育を実施する方向が閣議決定されたことは、歓迎すべきことである。その官民の連携組織として、未来の学びコンソーシアムが設立された（未来の学びコンソーシアム、2017年）。その考え方などについては、佐藤安紀（2017年）が解説している。

ここでは、次期（新）学習指導要領（文部科学省、2017年a、2017年b）を、現行の学習指導要領（文部科学省、2008年a、2008年b）との対比の上で述べて、プログラミング教育の位置づけを明確にしておきたい。その前に、現行の学習指導要領における、ICTや情報活用能力における位置づけを確認しておく。

その枠組みを図2に示す。教育課程は、当然ながら、総合から分化に向かう。小学校低学年では、生活科であるが、3年生から理科と社会科に分かれ、中学校では、理科は、第1分野と第2分野に分かれ、高等学校では、物理・化学・生物・地学などの科目に分かれ、より教科専門に近づいてくる。これが、図2における教育内容として示しているが、「情報」に関する内容は、小学校では、総合的な学習の時間で、その内容は、国際理解、情報、環境などと示され、中学校では、技術・家庭科の中の技術分野の「D情報に関する技術」の中で、高等学校では、普通高校・専門高校に関係なく学ぶ普通教科「情報」と、専門高校で学ぶ専門教科「情報」に分かれる。なお、総合的な学習の時間は、小中高等学校とも学ぶので共通である。

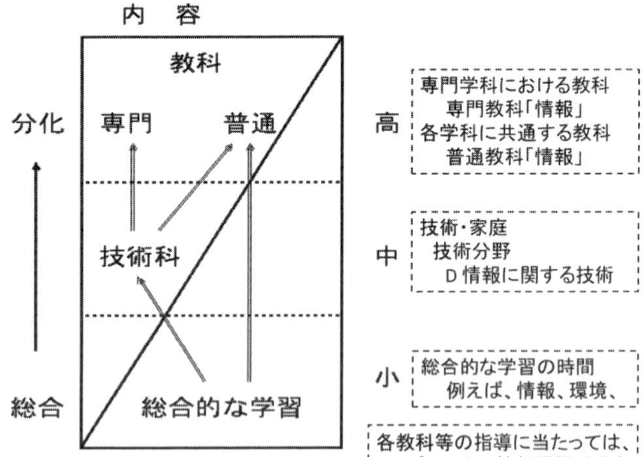

[図2] 現行の情報に関するカリキュラム

また、総則において、「情報モラルを身に付け、各教科において、コンピュータや情報通信手段を活用し」と記されているので、これは、教育方法としてのICT利活用である。

この現行の学習指導要領(2008年公示)と、次期(新)学習指導要領(2017年公示)との概要の比較を、図3に示す。模式的に示すように、「思考力・

判断力・表現力」が、「主体的・対話的で深い学び」に、「言語能力の育成」が、「言語能力と情報活用能力などを資質能力として」に、教科横断的な観点から、「カリキュラム・マネージメント」が、総則に明記された。

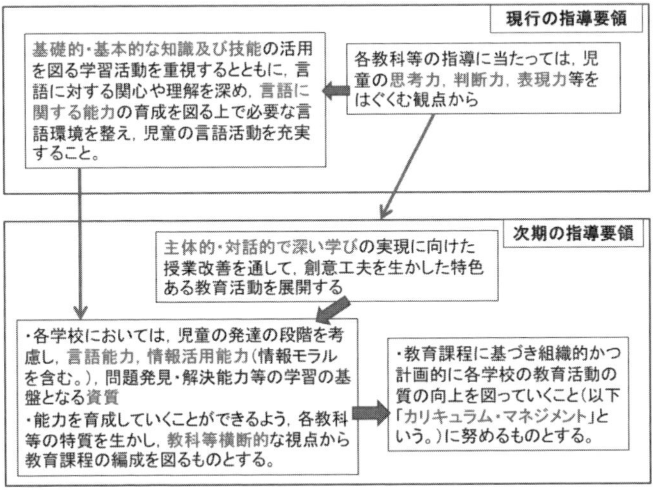

[図3] 現行（2008年）と次期（2017年）の学習指導要領の比較

以上の比較を、「情報」という観点から、まとめた模式図を、図4に示す。なお、図2～図4は、筆者の考えによる模式図であり、文部科学省が公表している図ではないことを、お断りしておきたい。ポイントだけを可視化した図であり、全体の把握に役立つと思われるからである。

図4において、教育方法としてICTの活用は、現行も次期も変わらない。教育内容としての情報の扱いは、これまでICT中心からプログラミングへ、つまりCS（コンピュータ科学）へ比重が移ると言える。英国のように、独立教科として、ICTからComputingへという改革ではないが、小学校からのプログラミング教育は、学習指導要領では、以下のように記述されている。

① 「情報活用能力の育成を図るため，各学校において，コンピュータや情報通信ネットワークなどの情報手段を活用する」（小学校学習指導要領・総則）

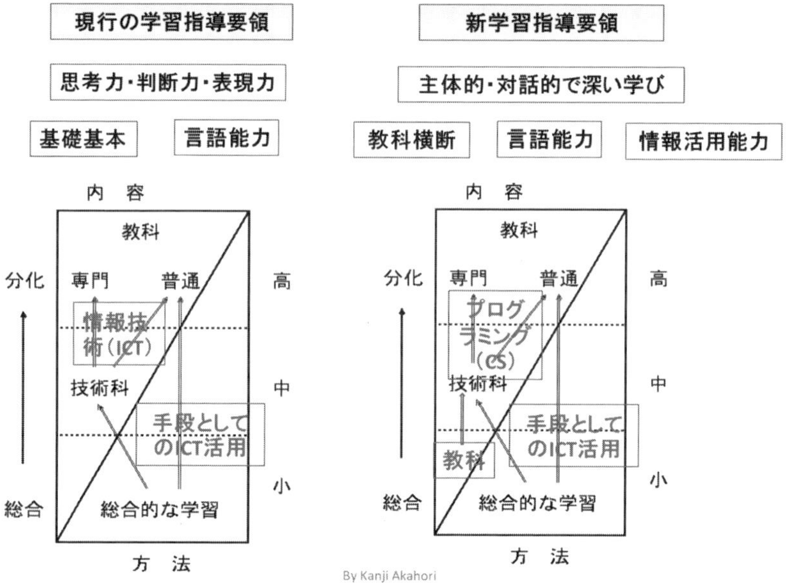

［**図4**］現行（2008年）と次期（2017年）の「情報」に関する比較

これは、情報活用能力（資質能力）を育成する（目的）ために、ICTという手段（教育方法）を活用するという記述である。

② 「プログラミングを体験しながら，コンピュータに意図した処理を行わせるために必要な論理的思考力を身に付ける」（小学校学習指導要領・総則）

これは、プログラミング教育の記述であり、その論理的思考力の中心は、プログラミング的思考であるが、これは、次の教育実践の中で、解説したい。このプログラミングは、手段ではなく、学習活動そのものであり、プログラミング的思考、つまりその背景となっているCS（コンピュータ科学）の思考とも言える。したがって、手段ではなく、教育内容である。

③ 「プログラミングを体験しながら論理的思考力を身に付ける」
（小学校学習指導要領・算数・理科・総合的な学習の時間）

特に、算数・理科・総合的な学習の時間では、必ず実施することが、明記されている。以上の概要を、図4にまとめて図示した。

7. プログラミング教育の教材と実践

我が国のプログラミング教育のカリキュラムは、これから開発され編成されるが、単元ごとの教材開発や実践が期待される。まだ試行段階であるが、少し紹介したい。

米国にはナショナルカリキュラムはないが、CSTA（the Computer Science Teachers Association）は、K-12までのCS（コンピュータ科学）のカリキュラムと評価基準を提案しており、興味深い（CSTA、2016）。教材のヒントになる内容もあるので、少し触れたい。大森康正らは、Computational Thinkingを元にした情報技術教育のカリキュラムと評価基準を提案しているが、これらも参考にしながら、米国のCSTAの教育目標と教材について、参考までに紹介する（大森康正、他、2016、pp.276-277より部分的引用）。

例えば、表1における、Computational Thinkingの中のデコンポジション（問題の分解）では、PK-2学年では、「学校への道順を要素化して、わかりやすい道順図を作成すること」、3-5学年では、「学校緑化計画を立てる際、リサイクルペーパーや空き缶、電気使用量の減少などを、切り離すこと」、6-8学年では、「ニュースレターの計画として、プロジェクトを遂行する必要な役割・義務・予定などを確認する」、9-12学年では、「ロックスターになるには、何が必要か、という大規模問題を、スモールステップに分けること」などである。

同じく、表1のアルゴリズム的思考では、3-5学年では、「ゲームをデザインして、その説明図を作り、試行すること」、6-8学年では、「迷路を抜ける手順を考えて、ロボットに動作させる」、9-12学年では、「大学を選ぶ意思決定プロセスを手順化して実装する」などである。

同じく、表1の抽象化では、3-5学年では、「物語を聞いて、本質となる用語を反映した、タイトルを決定すること」、6-8学年では、「歴史を勉強して、その時代を代表する、象徴・テーマ・行事・価値観などを確認すること」など、興味深い教材事例が示されている。

次に、日本における実践を紹介しよう（赤堀侃司、2017年b）。

つくば市春日学園義務教育学校の佐々木教諭による音楽におけるプログラミング教育の実践は、筆者が初めて教科におけるプログラミングの参観をした授業であった。写真２のように、曲の音符を、黒板に大きく映し出し、その特徴を子どもたちに伝える。音符は、どのくらいの高さで、どのくらいの長さで、この順番で演奏しなさい、という指示なので、プログラミングにおける順次処理と言ってもよい。また、すべて音符が違っているわけではなく、いくつかの小節に分かれている。これは、文章では段落であり、全体を要素に分けることであり、表1のデコンポジションに相当する。さらに、曲はその小節が、何回か出てくるが、これは、プログラミングでいえば、繰り返しに相当する。例えば、ロボットが動く、と言っても、それは、右足と左足を交互に動かすことを、繰り返しているだけである。プログラムを書く場合は、この繰り返しは、必ず使う方法である。さらに、前の音符が高音に上がっていけば、次は、低音に下がっていき、逆の場合もあり、全体としての調和を目指しているが、これは、プログラミングでは、条件に応じた命令文

[写真2] つくば市春日学園義務教育学校の佐々木教諭による実践

のまとまり（サブルーチン）に相当するだろう。

実際の授業では、曲のいくつかの特徴を伝えながら、前時で作った曲を、もっと歌いやすいように編曲する活動だった。これは、修正（デバッグ）でもある。タブレットPCにインストールされた音楽アプリを用いて、編曲を行ったが、プログラミングの要素がすべて入っており、今でも、その光景は目に浮かぶ。確かに、プログラミングの考え方、Computational Thinking、プログラミング的思考が、音楽に含まれていることがわかるであろう。つまり、プログラミング言語でコーディングすることも、音符で書くことも、手段が異なるだけで、作者の意図や目的やねらいを表現することには変わりがない。したがって、人が何かを表現する時に、共通した思考法や方法が、見られると言える。

また、総務省の若年層に対するプログラミング教育の実践報告では、多様な興味深い取り組みが見受けられる（総務省、2017年）。写真3は、東京都石神井特別支援学校におけるプログラミング教育の実践である。特別支援学校では、障害を持った子どもたちが学んでいる。その子どもたちが、将来自立して生きていくことを考えれば、プログラミング教育は重要な活動になる。この授業は、ハンバーガーを作ろうというテーマであった。作ると言っても、実際に料理するわけではなく、プログラミングによって、画面上にハンバーガーを表示する活動である。障害を持つ子供たちをテーマに興味を持たせるだけでも、指導は難しい。しかし、この教材はよく考えられていて、写真３のように、スクリーンの手前にボールを乗せる台があって、その台に、色のついたボールを乗せる。ボールは、色ごとに、ハンバーガーの食材に対応されていて、例えば、白色ボールはパン、赤色ボールはトマト、黄色ボールはチーズのようになっていて、その対応表を見ながら、子どもたちの好きなハンバーガーを作っていくのである。

そのプロセスに注目していただきたい。はじめと最後はパンで、その間に挟む食材も、工夫と論理的な思考が働く。子どもたちは、次々とハンバーガーを作っていった。他の子どもが作ったハンバーガーを見て、子どもたちは、次々に感想を言う。それは、自分の作ったハンバーガーと違うからだ。

他の作品を鑑賞することを通して、子どもたちは違いを知り、表現することの自由さを知った。自由な発想でありながら、順序という論理的な思考をするプログラミング的思考が生かされている。

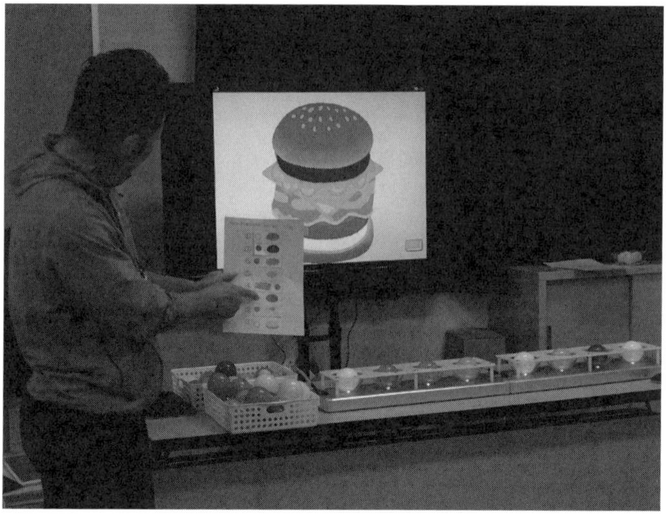

［**写真3**］東京都石神井特別支援学校　技術　総務省プロジェクト

写真4をご覧いただきたい。これも、総務省のプロジェクトの1つで、愛知県豊橋市植田小学校における、放課後のプログラミング活動である。Codemonkeyと呼ばれるプログラミング言語でコーディングする活動であるが、小学校1年生から6年生まで、夢中になってプログラミングする光景は、通常の授業とまるで異なっていた。写真にあるように、サルが上向きに向いていて、周りに多くのバナナが置いてある。課題は、サルが、これらのバナナを取ることで、そのプログラムを書くのである。プログラム言語は、写真に見るように、英語である。子供は慣れたしぐさで、プログラムを作っていった。そのプログラムの1部を、写真4の右下に掲載するが、およその意味は、分かるだろう。上向きになっているサルは、まず左に向く、つぎに5歩進む、その次は、t の文字だけ映って見えないが、予測はつくだろう。初めのバナナを取って、今度は右を向いて、5歩進んで、それを3回繰り返す、というプロ

グラムだろうと、思われる。しかし3回ではすべてのバナナは取れないので、4回の繰り返しではないかと思われるが、子どもに聞いてみなければ、わからない。

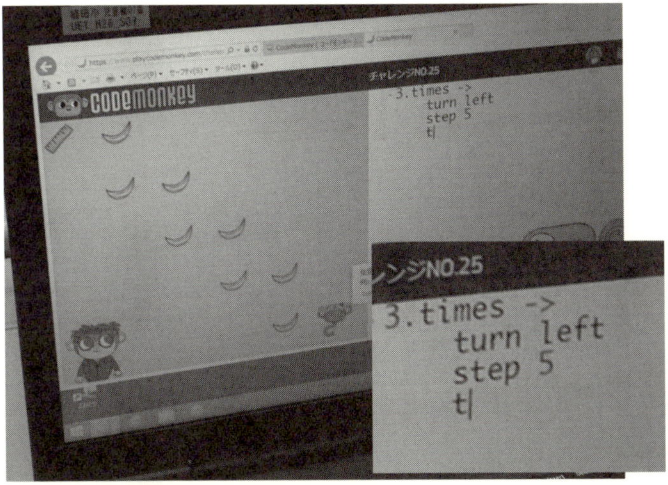

[写真4] 愛知県豊橋市植田小学校　プログラミング　総務省プロジェクト

このように、音楽授業におけるプログラミング、ハンバーガーを作る料理の手順、さらにプログラム言語を用いたプログラミング教育と、いくつかの実践がある。

諸外国では、例えば、オーストラリアのケアンズ市のEdge Hill小学校では、デジタル技術の科目の中で、ドローン制御のプログラムを学習していた。写真5に、その光景を示す。

以上のように、小学校の授業における教科とのクロスカリキュラムとしては、教科の目標とプログラミング教育の２つの目標を達成するために、防災教育や音楽のように教科・領域に比重をおいた内容になりやすく、課外活動や独立教科・科目としてのプログラミング教育は、ロボット制御などのように、プログラミングすることに比重がおきやすい傾向がある。教科とのクロスカリキュラムでは、45分の授業時間の中では、実際にプログラムする時間の確保がきわめて厳しいので、コンピュータを使わないアンプラグド

［写真5］ケアンズ市Edge Hill小学校のドローン制御

（電源を入れない）プログラミングの実践も多く見受けられる（中村めぐみ、2017年）。

プログラミングには、修正（デバッグ）という活動が伴い、時間がかかるので、放課後の課外活動や総合的な学習の時間などで実施することも、現実には考えなければならない。時間をかけて行った実践では、例えば、小学校6年生は、「このプログラミングの授業が、この1年間で、最も思い出に残る楽しい活動だった」と述べている（渡邉景子、他、2016年）。

このように考えると、プログラムすることは、特別なことではなく、日常生活で実践していることである。入学式のプログラムでは、始めに、開式の辞、校長先生の挨拶、などの順序がある。だからプログラムは、進行表とも呼ばれる。その順序も、来賓の挨拶、保護者代表挨拶などは、この順であって、逆ではおかしい。それは、永い間の人の知恵でもあるが、同時に、来賓と保護者という立場を考えると、そのほうが誰も納得する、つまり論理的なのである。

防災教育における「大地震が起きたら」という場合でも、論理的に考えて対応策を考えるわけで、プログラミング教育は、プログラム言語を覚えることが目的ではなく、プログラムを作る上での基本的な考え方、つまりプログラミング的思考やComputational Thinkingを習得することが、目的であることは、前に述べた通りである。それは、この世の中を生きる上で、必要な資質能力と言ってもよいからである。ただし、プログラミングは、順序的なプログラミングだけでなく、いくつかの対象（オブジェクト）を組み合わせて全体を構成するデザインも重要で、オブジェクト指向プログラミングの考えは、かなりのプログラム言語に反映されている。

ここで改めて、プログラミング的思考について、その定義を文部科学省の有識者会議から引用する（プログラミング教育に関する有識者会議、2016年）。

「プログラミング的思考とは、自分が意図する一連の活動を実現するために、どのような動きの組み合せが必要であり、一つ一つの動きに対応した記号を、どのように組み合わせたらいいのか、記号の組み合せをどのように改善していけば、より意図した活動に近づくのか、といったことを論理的に考えていく力」

米国のCSTAでは、PK-2学年で、自宅から学校までの道順の図を作る課題では、どのように行ったら安全で短時間で行けるかという意図があり、そこにはいろいろな要素、歩くこと、信号で待つこと、などがあり、これらを組み合わせて、その組み合わせは、無駄な動きがないように、論理的に組み合わせ、道順を図で表すのであるが、出来上がっても、それが完成図ではなく、振り返って、改善することになろう。始めに紹介したオーストラリアのケアンズ市Edge Hill小学校のSTEM教育としての料理も、つくば市春日学園義務教育学校の音楽の授業も、東京都石神井特別支援学校のハンバーガー作りも、そこにプログラミングの考え方が活かされている。

このように、プログラミング的思考とは、料理のように、目的があり、食材という要素があり、これを組み合わせ、防災教育のように、条件に応じて、要素を変え、修正をするという思考方法である。上記の定義では、これを、自分が意図する一連の活動（目的）、動きの組み合せ（条件や命令）、組み合わせを改善（修正）、などを論理的に考えていく力と述べている。プログラミング的思考は、このように教科を横断する論理的な能力と言える。

8. いくつかの課題

以上、いくつかの文献などを参照しながら、我が国のプログラミング教育について、筆者の解説を加えながら、述べた。冒頭に述べたように、何故小学校からプログラミング教育なのだという疑問を持つ人も多いであろう。その背景に、Computational Thinkingや、プログラミング的思考などの、新しいリテラシーが、現代社会で求められていることを、指摘した。最後にプログラミング教育を実施する上での課題について触れておきたい。

① カリキュラムの開発

プログラミング教育の基本が、プログラミング的思考にあることは、文科省によって明記されたが、その目標を下位目標に分解して、それぞれの下位目標を学年別に配列したカリキュラムが必要である。これまで述べてきた、諸外国のカリキュラム（太田剛、他、2016年、大日本印刷、2017年）や、我が国のカリキュラムの試案（大森康正、他、2016年、佐々木綾菜、2017年、ベネッセ、2017年）などがあるので、参考にして開発するとよい。いくつかの教育機関も、試みている（つくば市総合教育研修所、2017年）。

② カリキュラム・マネージメントの実施

我が国では、カリキュラム・マネージメントは、あまりなじみがない。それは、学習指導要領に基づいて、教科書会社や教材会社が、学校の代わりに、典型的なカリキュラムや年間指導計画を提供してきたからである。諸外国のSchool Based Curriculumで行ってきた活動とは歴史や文化が異なる。しかし、教科の目標とプログラミング教育の目標の両方を達成するためには、カリキュラム・マネージメントの実施が必要になる。

③ 年間指導計画の作成

先のカリキュラムができたら、教材や単元の目標や指導案なども記述した、年間指導計画を作成する必要がある。学校は、基本的にこの年間指導計画に基づいて、授業を行っているので、必須の活動である。これを、学校だけに任せるのは現実的でない。カリキュラム・マネージメントが、学校単位で求められているが、教員にとって未知の分野では、かなり難しい。教育委員会や教科書会社と連携しながら、作成していただきたい。

④　指導案の作成

これも、典型的な指導案の作成が求められる。すべての単元に必要ではないが、少なくとも代表的な単元での指導案や、教師用の解説書が必要になろう。

⑤　ICT環境の整備

言うまでもなく、プログラミング教育の実施に伴うICT環境を整備する必要がある。これは、教育方法としてのICTの活用と連動して整備すればよい。しかし、これは予算を伴い、プログラミング教育に関係なく、難問と言える。

⑥　プログラミング教育の支援員（メンター）の確保

教員が不慣れなプログラミング教育では、専門的な知識や技能を持った支援員（メンター）の存在が大きい。メンターの育成については、総務省のプロジェクトが、精力的に実施しているので、参考になろう（総務省、2017年）。地域にある大学と連携して、大学生がメンターとして小学校などに出向して、支援活動を行い、大学はそれを単位として認める仕組みが施行されている。総務省の事業では、例えば、九州工業大学が、「サービス・ラーニング」として、地域連携の新しい授業スタイルとして実施している。

⑦　部活動の質的転換

高等学校では、部活動がある。パソコンクラブもあるが、活発とは言えない状況が続いている。その理由は、ゲームをする、指導者がいない、甲子園のような夢のある大会がない、などが挙げられる。しかし、プログラミング教育が小学校から必修になったことを契機にして、パソコンクラブの質的転換を図ることが、期待される。このことについては、総務省も検討している。

以上、いくつかの課題を挙げたが、すべて実現可能性のある内容ばかりで、教育機関が連携して、是非解決していただきたい。

なお、カリキュラム・マネージメントの例として、そのイメージを図5に示す。

紙幅の関係で詳細は説明しないが、各教科・領域で年間指導計画を立てる時に、いくつかの注意事項があり、単元間の関連を模式的に、図5に示している。例えば、図5における国語や社会などの単元は、アンプラグド、つまりコンピュータを使わないでプログラミング的思考もねらいとした単元であるが、算数の「面積を求める」、「円と多角形」、理科の「電磁石の性質」は、プログラミング（コーディング）する単元とした。その場合は、いくつかの前提条件が必要とされる。総合的な学習の時間で、プログラミングの初歩を学習するとして、算数や理科の単元でプログラミング（コーディング）するならば、前提条件として、プログラミングの意味、基本的な操作、プログラム言語に依存するが、基本的な命令語などの学習が必要とされる。このように、教科・領域を超えて、単元間の関連性を考慮して、年間指導計画を作る必要がある。ここでは、基本的な考えを示しただけであるが、どの教科・領域で、どの学年で、どのくらいの授業時数で、という全体の枠を決めて、その上で、プログラミング的思考のねらいと、教科・領域のねらいの両方を達成するようなカリキュラムを作る必要がある。図5に示したように、単元間は、相互に関連しているので、その関連を意識した上で、年間指導計画を立てる必要がある。

5学年	4月	5月	6月	7月	9月	10月
総合的な学習	プログラミングとは			基本ブロック		作品作り
国語			物語文を読む		新聞を読む	
算数			面積を求める			円と多角形
社会		日本の国土			農業の地域	
理科			天気と情報			電磁石の性質

［図5］カリキュラム・マネージメントのイメージ図

第2章

プログラミング教育における論理的な思考とは何か

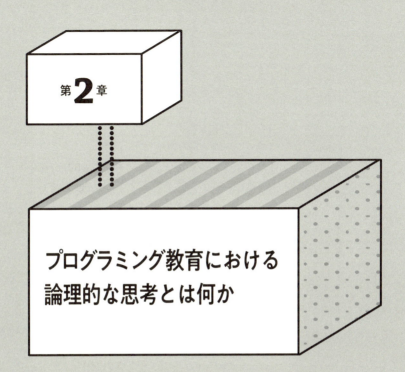

我が国におけるプログラミング教育は、小学校では2020年の新学習指導要領から必修として実施されることになったが、その内容についてはまだ検討段階である。第2章では、プログラミング的思考が目指す論理的な思考とは何かを、いくつかの調査を通して得られた結果について、報告している。論理的な思考は、プログラミング教育に限らず、数学や算数は典型的な論理的思考を子どもたちに要求し、理科も自然科学を理解する上で、論理的な思考が必須であることは言うまでもない。では、プログラミング教育における論理的な思考とは、他の教科における論理的な思考と同じなのか、異なるとすれば、どこが異なるのか、どのような構造なのかという問いに対して、ほとんど解答が出されていない。そこで、本小論では、大学生を対象にして、プログラミングの問題に対する正解率と、他教科の問題の正解率との相関を調べることによって、その関係構造を明らかにしようとした。その結果、プログラミング教育と他教科との相関では、数学・理科だけではない、他教科との相関も見られ、総合的な論理的思考が必要とされることが分かった。

なお、第2章の内容は、筆者の論文をベースにして、書いたものである(赤堀侃司、2018年a)。

1. プログラミング教育の課題

2020年から、我が国の小学校では、プログラミング教育が必修となった(文部科学省、2017年)。そのカリキュラムは、諸外国と異なっている。端的には、多くの諸外国のプログラミング教育が独立教科や独立科目であることに対して、日本では、クロスカリキュラムとして位置づけられていることである。クロスカリキュラムとは、他教科と連携して実施することである。新学習指導要領では、総合的な学習の時間、算数、理科を中心にして、他教科でもプログラミング教育を実施することが明記された。その記述は、新学習指導要領の総則にあるが、算数と理科の教科では、教科の中でも記述されているので、すべての小学校で実施することになるだろう。しかし、プログラミング教育における課題は多い。第1章で、以下のような課題を指摘した。

① カリキュラムの開発
② カリキュラム・マネージメントの実施
③ 年間指導計画の作成
④ 指導案の作成
⑤ ICT環境の整備
⑥ プログラミング教育の支援員（メンター）の確保
⑦ 部活動の質的転換

これらの課題は、文科省、教育委員会、民間の教育機関などが協力して解決することが必要であろう。第2章は、上記の①のカリキュラム開発に関連する。カリキュラムを開発するには、教科の目標を明確にして、下位目標に分解し、その下位目標に応じて単元を開発し、単元に応じて教材や指導法を開発するという手順になろう。その元になるのが、教科の目標設定であるが、我が国のプログラミング教育は、既に述べたように、他教科とのクロスカリキュラムとして提案されている。つまり、他教科の目標も達成しながら、かつプログラミング教育の目標も達成するという両方のねらいをゴールにしなければならない。そのためには、それぞれの目標を明確にして、どのような補完関係があるかを知らなければならない。

もし、プログラミング教育のねらいである論理的な思考が、例えば、数学や算数や理科と同じならば、何故、算数や理科の教科でプログラミングを実施する必要があるのか、素朴な疑問が生じる。異なるとすれば、どのように異なるのかを、明らかにする必要がある。また、他の教科、例えば、国語の読解を考えてみよう。文章の前後関係から、この文の意図する内容はという問いに答えるには、論理的思考力が必要である。そのような論理的な思考と、同じなのか異なるのか、答える必要がある。他教科でも同じである。したがって、プログラミング教育の目標が、他の教科・領域と比較して、どのような関係にあるのか、その構造を明らかにする必要があろう。それは、カリキュラム開発にも、カリキュラム・マネージメントにも関連する。また、新学習指導要領で記述されている、育成すべき資質・能力や、教科・領域の「見方・考え方」にも関連するであろう（文部科学省・教育課程部会、2016年）。さらに、評価の枠組みにも、関連する（例えば、ベネッセ、2017年、佐々木、鷲崎、他、2017年）。

2. 情報と教科の学力調査

男女それぞれ30名からなる東京都内の大学生60名を対象として、2017年10月に以下のような実験を行った。

実験テーマ　プログラミング問題と教科の問題の相関

① フェースシートとして、実験協力者の特性について記入してもらう。

② プログラミング問題として、2種類の問題を用意する（以下、情報１、情報２と呼ぶ）。

③ 教科の問題として、国語、算数、理科、社会の問題を用意する。

④ 解答時間を決めて、問題を解いてもらい、採点する。

⑤ 情報１と情報２に対して、他の教科の得点との相関を求める。

情報１は、流れ図を作成する問題（以下、情報・流れ図と呼ぶ）で、図1に問題を示す。情報２は、電車の切符を買う文章を読んで、画面を設計する問題（情報・設計図と呼ぶ）で、図2に示す。

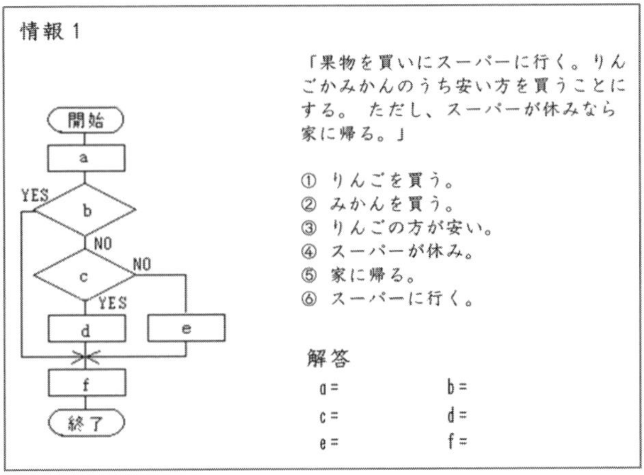

［**図1**］情報1（情報・流れ図）の問題
フローチャートの基礎（2017年）より引用

情報2

駅に自動販売機がある。その画面は、次ページのように、A画面からD画面へと移動する。これは、日本の駅ではなく、外国とする。
いろいろなお客がいる。例えば、
① 普通運賃で、列車で、普通乗車券で2枚購入したい。
② 今日1日、地下鉄に4回乗って、市内を回る予定で、学生なので、割引運賃を利用して安く買いたい。

問題
1. 次ページのAからDの画面の①から④の名称を書きなさい。
①　　　　　　　　②
③　　　　　　　　④

2. 地下鉄で、普通乗車券で2枚購入したいが、学生なので、安く買いたい。
AからDまで、どのボタンを押すか、書きなさい。但し、Dでは、2つのボタンを押す。
A:　　　　　　　　B:
C:　　　　　　　　D:　　　　、

情報2

下図は、駅の自動販売機の画面である。A画面からD画面へと移動する。但し、D画面の枚数を押すと金額が表示され、④を押すと、切符が出ます。

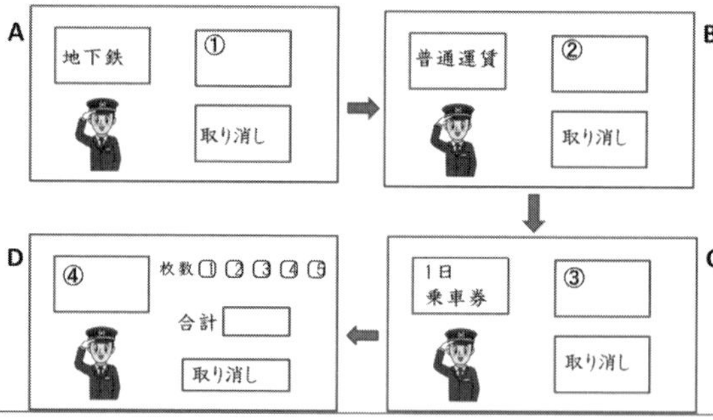

［図2］情報2（情報・設計図）の問題
PISA調査問題例（2017年）からの著者による改題

プログラミングの問題を、どのような内容にするかは、プログラミング教育のカリキュラム、目標設定、評価基準に依存することは言うまでもない。いくつかの先行研究があるが、プログラミング的思考に近い目標は、Computational Thinking（J.M.Wing,2006）であり、下位目標を元にしたカリキュラムも諸外国で報告されているが（例えば、CSTA,2016）、諸外国では独立教科としてのカリキュラムなので、日本のクロスカリキュラムでは、概念が異なる。日本のプログラミング教育の目標設定や評価基準としては、

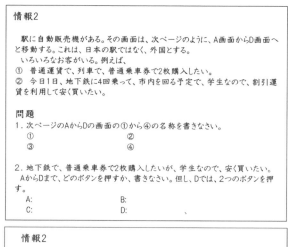

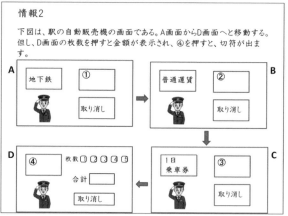

ベネッセ（2017年）、佐々木、鷲崎他（2017年）などが参考になる。ベネッセの評価基準は、文科省の資質能力を下敷きにした内容で学習指導要領に則しており、佐々木、鷲崎らの提案している評価基準は、どちらかと言えば、情報科学をベースにした内容に近いと言える。どの評価基準を元にて問題作成するにしても、すべての評価基準を反映した問題作成はできないので、本研究では、佐々木、鷲崎らの目標の中で、プログラム作成とプログラム設計に焦点化して、問題作成した。プログラム作成に伴う思考力には、流れ図の作成問題が適していると考え、プログラム設計では、問題の細分化や、動作の抽象化などを反映する、利用者の要求に応じた設計図の作成が適していると考え、図１と図２のような問題を採用した。

筆者自身も、プログラミング教育では、プログラムを作成すること、つまり、場合分けや繰り返しや順次処理などの手続きに関わる論理的思考力だけでなく、その前段階である、どのように対象を理解して（抽象化）、どのような要素があるかを抽出して（細分化）、全体としてまとめるか（設計）に関わる論理的思考が重要であると思っている。そこで、情報１（情報·流れ図）と情報２（情報・設計図）の両方の問題を設定した。

さらに、教科の問題として、国語は文章を読んで問いに答える読解問題（国語·読解と呼ぶ、）、算数は文章問題で数学の代数に相当する問題（数学·代数と呼ぶ）、理科は、地球と太陽と月の位置関係の理解を求める問題（理科・天体と呼ぶ）、社会は、グラフが与えられてグラフから読み取る問題（社会・グラフと呼ぶ）と、さらに結果について回答者の意見を求める問題（社会・考察と呼ぶ）を、用意し回答してもらった。難易度について、教科の問題は、小学校高学年レベルとしたが、数学だけは中学校レベルとした。正解率によって、およその教科特性がわかると思われる。

3. 調査の結果と分析

分析の結果を、以下示す。

（1）正解率の比較

図３に、2種類のプログラミング問題と教科の問題の正解率の比較を、10点満点に換算して示す。情報・流れ図、国語・読解、社会・グラフは、正解率が高く、やさしかったと思われる。難しい問題は、理科・天体と社会・考察である。理科は、小学校高学年レベルであっても、概念そのものが難しく、社会・考察は、自分の考えを記述することは難しいという結果であった。文章やグラフから読み取る、国語・読解や社会・グラフは、やさしいので、読み取ることと自分の考えを述べること、概念を理解することなどに、差があることがわかった。

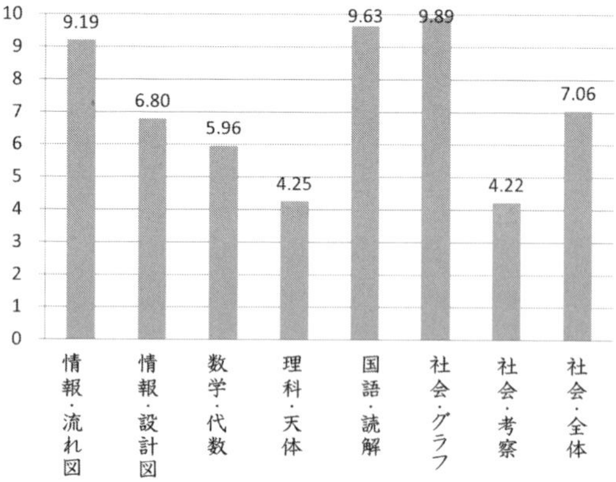

［図3］プログラム課題と他教科の正答率

特に得点の低かった理科・天体の問題と社会・考察の問題を、図４、図５に示す。

教科の問題は、北九州市教育センター（2017年）から引用した。

1．ある日、南の空に図1のような形の月が見えました。また、図2は地球と月、太陽の位置関係を表したものです。これについて次の問いに答えましょう。

(1) 図１に月が見えた時、月はどこにありますか、図2のア～クから選びましょう。

(2) 図１の月が見えた時の時刻を、以下のア～エから選び、その理由を書きましょう。

ア　午前6時ごろ　　　　イ　午後6時ごろ

ウ　正午ごろ　　　　　　エ　午前0時ごろ

理　由：

図1

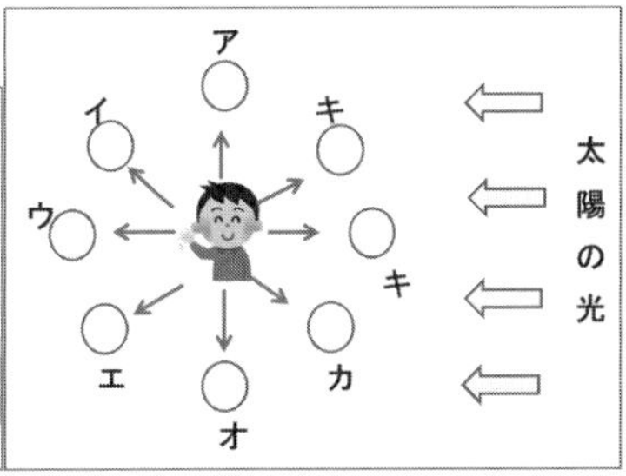

図2

［図4］理科・天体の問題

グラフのように（省略する）、農業で働く人の数が変化している（65歳未満が減少、65歳以上が増加）理由として、考えられることを書きましょう。

［図5］社会・考察の問題

（2）プログラミング問題と教科の問題の相関

表1に、情報・流れ図、情報・設計図と他教科との相関係数を、図６に、相関を模式的に示した。図６から、同じ情報の問題であっても、流れ図作成と設計図作成では、他教科との相関が大きく異なることがわかった。模式的に図６に示すが、流れ図の作成では、数学や理科との相関があるが、国語や社会との相関はない。一方、設計図の作成では、国語や社会と相関があるが、数学や理科とはない。ただし、流れ図の作成と、設計図の作成の

間には、強い相関がある。つまり、佐々木、鷲崎ら（2017年）のプログラム作成とプログラム設計には、プログラムという共通の思考を求める上では、強い相関があるが、それぞれは別の論理的思考を求めていると言える。同じプログラミングと言っても、何を目標とするかで、思考方法が異なると言えるのではないだろうか。

なお、図6は模式的に示したので、線の太さで相関係数の大きさを示していること、統計的な検定に基づいてはいないことを、お断りしておきたい。

	情報 流れ図	情報 設計図	算数 代数	理科 天体	国語 読解	社会 グラフ	社会 考察
情報・流れ図	1.00	0.46	0.24	0.28	0.02	−0.05	0.09
情報・設計図	0.46	1.00	0.08	0.10	0.16	0.01	0.15

［表1］情報1、情報2と他教科との相関

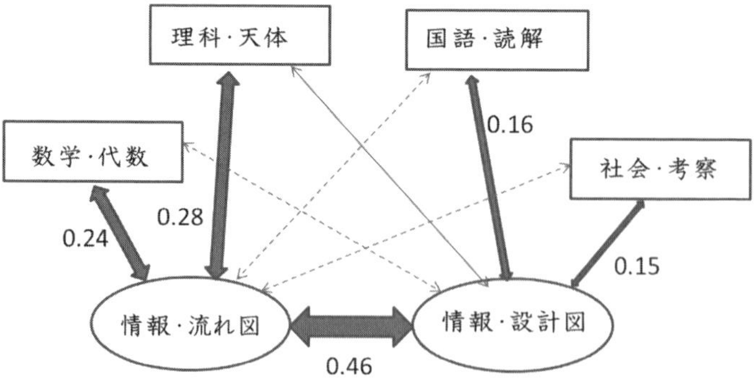

［**図6**］プログラム課題と他教科の相関の模式図

（3）実験協力者の特性との相関

実験協力者には、テストの他に、実験協力者の特性としてフェースシートの調査をした。表2に、情報・流れ図、情報・設計図、と実験協力者の特性との相関係数の表を、図7に、その相関を模式的に示した。表2と図7から、情報・流れ図と情報・設計図の間には、テスト間の相関は強いが、実験協力者の特性との間には、それぞれの相関は異なっていることがわかる。これも、先の図６と同様に、興味深い結果と言える。情報・流れ図は理数科目が好き、理系の学部、将来の仕事は自分でやりたい、などと相関があり、情報・設計図は、工作などはあまり好きではない、家庭教師が好き、どちらかと言うと文章派などに相関がある。共通している特性は、推理小説が好きだけである。

以上の結果と、他教科との相関と合わせて考えると、流れ図を作成する思考は、理数的な、深く考えるような論理的思考であり、設計図を作成す

	情報1	情報2
① 性別は、男（30名）、女（30名）	流れ図	設計図
② 学部は、文系でなく理系	0.21	0.06
③ 数理系が、得意なほう	0.19	0.13
④ どちらかと言うと、映像派よりも文章派	−0.09	0.18
⑤ 授業はどちらかと言うと、後ろよりも前の席	−0.22	−0.14
⑥ 家庭教師をするのは、好き	−0.01	0.24
⑦ 友達と議論するのが、好き	−0.06	0.08
⑧ 論理的な科目は、好き	0.05	0.05
⑨ どちらかと言うと、筋道を立てて考える	−0.11	−0.10
⑩ 旅行計画を立てるのは、好き	−0.07	−0.01
⑪ 推理小説を読むのが、好き	0.27	0.23
⑫ ゲームを自分で、作りたい	−0.01	0.10
⑬ 工作などのモノつくりは、好き	0.09	−0.26
⑭ クラス会などの企画をするのは、好き	−0.08	0.03
⑮ テストの答案の返却後に、見直すほう	−0.16	−0.10
⑯ 数学の証明問題は、好き	0.09	0.06
⑰ 将来は、自分で設計するような仕事に就きたい	−0.05	−0.02
⑱ 手帳を持って計画的に行動するのが、好き	0.09	0.12
⑲ 協働で仕事をするのが、好き	−0.16	−0.08
⑳ 将来の仕事は人を動かすよりも自分でやりたい	0.37	0.08

[表2] フェースシートと情報１・情報２との相関

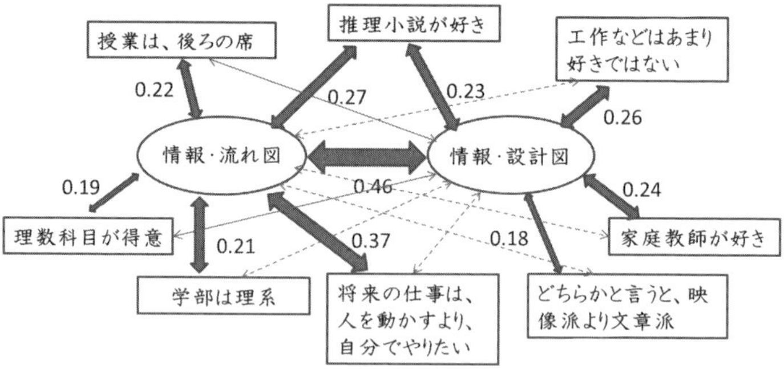

[**図7**] プログラム課題と実験協力者の特性との相関

る思考は、国語や社会などの広く考えるような論理的思考ではないかと思われる。その模式図を、図８に示す。

図８は、本調査では実施していないが、他の教科・領域とも相関があると思われるので、総合的な学習や音楽・図工なども、模式図にも追加している。図８から言えることは、プログラム作成や設計における論理的思考は、理数だけでなく、他教科・領域にも関連していることである。この意味で、日本におけるプログラミング教育が、独立教科・科目でなく、クロスカリキュラムとして公示されたことは、興味深いと言える。

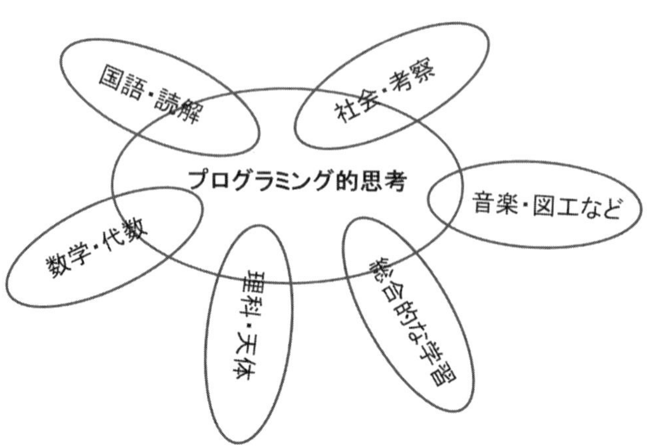

[**図8**] プログラミング的思考の他教科・領域との関連の模式図

(4)第2章のまとめ

本調査の結果は、以下のようにまとめられる。

① プログラミング的思考における論理的思考を調査する目的で、いくつかの評価項目の中から、プログラム作成とプログラム設計の2つを取りあげ、プログラム作成に対応する問題として、流れ図を作成する問題(情報・流れ図)、プログラム設計に対応する問題として、切符を購入する利用者の要求に対応できる、切符の自動販売機の画面の設計の問題(情報・設計図)を、取り上げた。

② 他教科の問題として、小学校高学年と中学校レベルの問題を取り上げた。

③ 決められた回答時間によって、大学生60名に問題に回答してもらった。

④ 情報・流れ図の問題と、情報・設計図の問題と、他教科との回答についての相関を求めた。

⑤ その結果、情報・流れ図の問題は、数学・代数や理科・天体の問題との相関があり、情報・設計図の問題は、国語・読解や社会・考察の問題と相関があった。

⑥ 実験協力者の特性との相関においても、情報・流れ図と情報・設計図では、異なった項目との相関が見られた。

⑦ また、情報・流れ図と情報・設計図の問題には、強い相関があった。

⑧ 以上から、情報・流れ図と情報・設計図の問題には、共通の思考を基盤としながらも、その思考力は、理数のような深い理解と、国語社会のような広い理解のような違いが見られた。

⑨ 以上から、プログラム作成とプログラム設計は、共通性はあるが、異なった論理的思考を必要としているのではないかと思われる。

⑩ 推測をすれば、プログラミング的思考は、他教科・領域の論理的思考と、関連するような総合的な論理的思考ではないかと思われる。

⑪ このことから、日本のプログラミング教育が、クロスカリキュラムになっていることは、興味深く、妥当なカリキュラムとも言えよう。

⑫　ただし、情報・流れ図と情報・設計図の相関が最も大きく、他教科との相関が小さいことを考えれば、情報を独立教科・科目にすることも妥当なカリキュラムとも考えられる。

海外の文献において、Computational Thinkingの問題として、迷路問題を取り上げ、その回答と、他の要因との相関を調べた結果、最も大きい要因が、空間認識能力と推論能力、次が言語能力、相関がなかったのが、計算能力であったという（Marcos Roman-Cozalez,他、2017年）。この結果が興味深い理由は、迷路問題は、確かに空間の認識と、どの道をたどればどこに行くという推論が必要なことを考えれば、妥当な結果と言える。このように、プログラムに関わる能力は、目標設定や評価基準に依存すると言える。単純に、プログラミング教育は、理数科目の論理的思考が必要だなどと言えない。どのような課題、どのような活動、どのような内容に依存して、他教科と関連した能力が必要とされる。

今回の調査は、小学校高学年を中心にした他教科の問題であったので、中学校や高等学校のレベルではどうかなどの課題も残されている。ただし、レベルが高くなると、教科や科目に固有の知識が必要とされるので、問題作成が難しい。また、本調査では、プログラム作成とプログラム設計の2つを取り上げたが、他の目標についても、調査をする必要があるが、これらについては、今後の課題としたい。

第3章

なぜ、ビジュアルプログラミングなのか

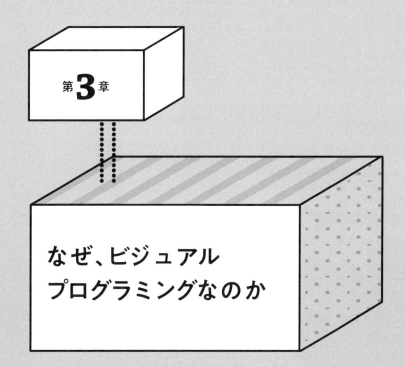

第３章では、小学校におけるプログラミング教育の言語のほとんどはビジュアル系であるが、その理由は何であろうか、という素朴な疑問に答えることが目的である。ビジュアル系言語は、諸外国を含めて、一般的であるが、その理由を明確に述べた研究は少ない。わかりやすい、見やすい、という当然の結果が予想されるからであろう。本章では、その特徴について、構造化、可視化、操作の３つの観点から、小規模の実験を行い、アンケート調査によって、結果を導いた。構造化は、文章の段落の有り無し、可視化は、イラストの有り無し、操作は付箋紙の有り無しで、読みやすさ、理解の仕方などに差が生じるかを調べた。その結果、差を生じた大きさの順序は、可視化、構造化、操作であった。このことから、ビジュアルプログラミングでは、特に、可視化や構造化に特徴があることが、わかった。

1. ビジュアルプログラミングの背景

2020年から小学校における新学習指導要領の実施において、プログラミング教育が必修になることから、教育委員会などの教育関係者の間で、いくつかの実践や試行がなされている。その中で、プログラミング言語については、ほとんどがビジュアル系プログラミング言語で実施されている。ビジュアルであるから、コーディングした結果が即座に可視化されるので、テキスト系の言語に比べて、理解しやすいことは納得できるが、それは、学習上ではどのような意味を持つのか、コーディング上で注意すべきことは何か、などについての研究は、ほとんどない。ただし、その結果は予想されるので、研究されなかったとも言える。そこで、ビジュアルプログラミングの特徴は何かを分析することを、本章の目的としている。本田らは、ビジュアルプログラミング言語の特徴について比較し、その目的と意義について提言している（本田、赤間、2017年）。

諸外国におけるプログラミング教育のカリキュラムにおいても、小学校段階では、アンプラグドやビジュアル系のプログラミング言語が中心である（例えば、Australian Curriculum in Queensland、2017）。発達段階から考えて、当然であるが、上記に述べたように、学習上の効果についての研究は少ない。そこで、以下、プログラミング（以下、コーディング）する時の過程を分析して、ビジュアル系プログラミングの効果について、調査することとした。

2. 学習のプロセス

初めに、算数の題材を元に学習のプロセスを考えてみよう。フィンランドメソッドとして知られる算数の問題を例にして、そのプロセスを述べる。

図１に示すように、問題が提示される。子どもは、この問題をどう解くのか、そのプロセスを問う内容が、興味深い。①のように、「問題の求める答えの明確化」、②と③の「問題を解くために必要なことと、必要でないことの区別」、④のように、「その解く手順を、言葉で表現させること」、⑤における「数値による計算」、さらに①や②の応用の問題など、算数の問題を解くプロセスが、丁寧に示されており、子どもの思考を促すと思われる。

そのプロセスを、図２のように筆者が図解した。①のように、文章を理解するためには、その構造がどうなっているかを知らなくてはならない（構

問題　「オッリは３日間かけて、パラッス山の山道を自転車で115km走りました。オッリが月曜日に走った距離は35km、火曜日に走った距離は48kmです。では、水曜日に走った距離は、どのくらいですか。」

設問

① この問題は、何を聞いているかな
（オッリが水曜日に走った距離）

② この文章で、問題を解くために必要なことは、何かな
（3日間走ったこと、月曜日に35km走ったこと、火曜日に48km走ったこと、全部で115km走ったこと）

③ この文章で、問題を解くために必要でないことは、何かな
（オッリという名前、パラッス山という地名、月曜日、火曜日、水曜日という曜日）

④ どうやって問題を解けばいいのかな
（全部で走った距離から、月曜日に走った距離と、火曜日に走った距離を引きます。残った距離が、水曜日に走った距離です）

⑤ 2通りの計算方法があります。
（115km－（35km＋48km）＝32km、115km－35km－48km＝32km）

⑥ 算数の教科書から文章題を１つ選び、「文章題の読み方」に従って、問題を解きなさい。

[図1] フィンランドメソッドの算数の例

造化）。図２では、その構造がわかるように、図示した。次に②のように、言葉によって、回答を表現する（表現）。そして、③のように、回答を流れ図で示す（フローチャート）。最後は、数値によって計算することになる（計算）。

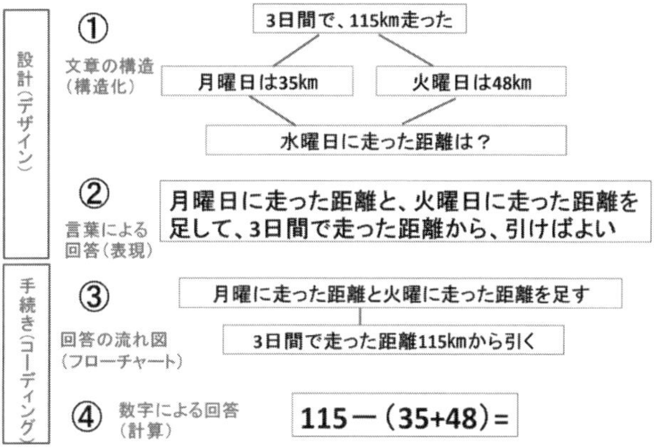

［**図2**］図１の問題の回答プロセス

筆者は、前半の①の構造化と②の言葉による表現の段階を、設計（デザイン）と名付けた。後半の③のフローチャートと④の数値による計算を、手続き（コーディング）と名付けた。コーディングには、いくつかの要素があって、抽象化、デコンポジション、アルゴリズム、評価、一般化などあるが（Computing At School、2015）、ここでは、大きく、設計（デザイン）と手続き（コーディング）に分けた。手続きには、繰り返し、分岐、順次処理などの、方法が含まれる。

いくつかの文献では、プログラミングのプロセスを分類している（例えば、太田他、2016、大日本印刷、2017、佐々木他、2017、ベネッセ,2017年）。先のComputing At School（2015）の分類もあるが、ここでは、佐々木ら（2017）の分類を参考にして、プログラム設計とプログラム作成に相当するプロセスとして、上記の設計（デザイン）と手続き（コーディング）に分けた。

このように、一般の算数の問題を解く場合にも、設計と手続きが存在すると考えれば、コーディングは、広い意味で、認知プロセスと言える。さらに、その思考は、学習にとって重要である。

3. Scratchにおけるコーディング

Scratch を例にして、ビジュアルプログラミングのコーディングの仕方を考えてみよう。図３は、簡単なネコが歩くコーディングの例である。この図を見て、左画面にネコが動く様子、右画面にそのプログラムが書かれていること、真ん中にいくつかの命令語があることなどが、すぐにわかる。少し説明しておきたい。

このScratchでは、このネコのような対象物をスプライトと呼んでいるが、スプライトは小人や妖精といった意味なので、画面上で動かしたい対象物の名称で、開発者がかわいい妖精のようなイメージを持ったのであろう。その妖精が自由に左画面（ステージと呼ぶ）の中を動くのであるが、その動かし方を、右画面で書いているが、これをプログラム、Scratchでは、スクリプトと呼んでいる。

スクリプトは、台本の意味であるが、他のプログラム言語でもよく使われる。確かに、芝居の台本のように、セリフや動きを指示している。そして、真ん中にその命令語、Scratchでは、ブロックと呼んでいるが、ブロックは、組み合わせて塊にするオモチャの意味なので、右画面のように、組み合わせて、命令語の塊を作っている。

そのブロックは、いくつかのカテゴリーに分かれている。カテゴリーは分類という意味なので、動き、見た目、音などに分類されている。どのプログラム言語でも、命令語の数は多いので、分類しないと探せないからである。具体的なスクリプトを、図３に示す。

このスクリプトは、カテゴリーからブロックを選んで、右画面に押したまま持ってくる、つまりドラッグして配置するが、それはそのような操作法が、直感的でわかりやすいので、工夫されたのであろう。

図３でわかるように、スタートボタンがクリックされたら、以下の命令を実行しなさい、という意味なので、これは、「もし…ならば」という条件文

にあたる。「ずっと」は、繰り返す、という意味なので、10歩動かす、から次のコスチュームにするまで、を繰り返す、ことになる。これは、繰り返し文になっている。ネコを動かす、という意図や目標に対して、それをどう表すかという手続きをプログラムしたものである。プログラムを書くこと、それはコーディングとも呼ばれる。そのコーディングを見ると、「ずっと」のブロックが、その間にある命令語を挟んでいるので、これは、命令語が構造化されており、流れもきちんと表しているので、フローチャートを元にしていることがわかる。そして、実行すると、左画面（ステージ）に、ネコが命令通りに動く、つまり可視化されている。このように、ビジュアルプログラミングは、先に示した算数の学習プロセスに近いことが、理解される。

そこで以上のビジュアルプログラミングのデザインである、構造化、可視化、操作法を取り上げて、どのような効果があるかを調べた。

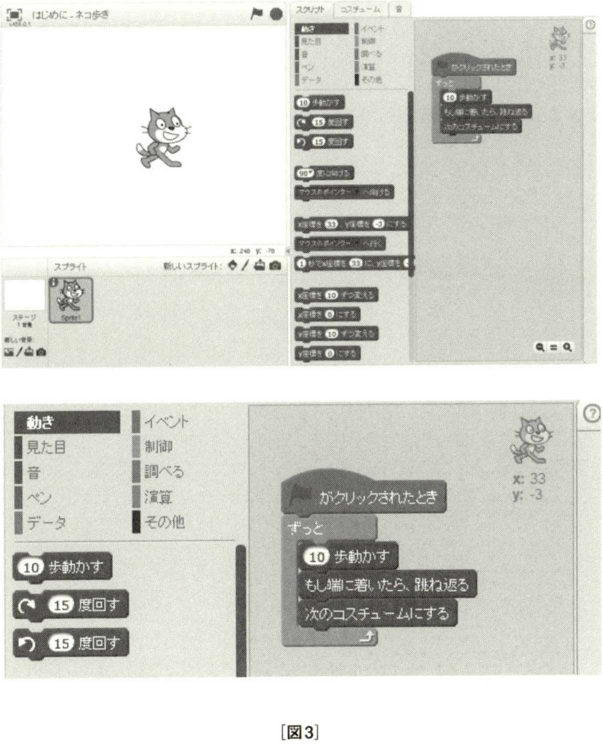

〔図3〕

4. ビジュアルプログラミングの特徴の調査

大学生60名を実験協力者として依頼し、2017年10月に以下の仮説に基づいて、どちらが受け入れられやすいか、5段階のアンケートに答えてもらった。

テーマ:ビジュアルプログラミングの特徴の分析

① 構造化の効果として、国語の読解問題を、「改行有りと無し」を比較し

① 改行無し

国語辞典で「休憩」をひくと、「休息」とも書いてある。ほとんど同じ意味、と書かれているのだ。しかし、「休憩」と「休息」では感じ方が少し違う。もし、あの有名なフランス映画の題名「戦士の休息」が、「戦士の休憩」と訳されていたら、なにか間の抜けた感じがする。「(2)」が違うからだ。約1万語についての「語感」、その語が持つニュアンスを説明する辞書が「語感の事典」だ。著者の中村明さんは、その「まえがき」でこんなふうに書いている。「休憩」か「休息」か迷ったとき、「休み」と書けば、微妙な違いに悩まされはしない。だが、「休み」で済ませるのは、松も柳もクスノキも無差別に「(3)」と片付けるような荒っぽさで現実を切り取ったことになる。自分の伝えたい意味合いを正確に表すのにもっとも適切な表現を探そう。文章を書く際、「語感」を確認しながら言葉を探せる辞典だ。文学作品の用例も多く、読みでがある。同時に、報告書や依頼書、企画書など書くことを毎日求められる仕事、つまり普通の会社員にも便利な一冊だろう。

② 改行有り

国語辞典で「休憩」をひくと、「休息」とも書いてある。ほとんど同じ意味、と書かれているのだ。しかし、「休憩」と「休息」では感じ方が少し違う。

もし、あの有名なフランス映画の題名「戦士の休息」が、「戦士の休憩」と訳されていたら、なにか間の抜けた感じがする。

「(2)」が違うからだ。

約1万語についての「語感」、その語が持つニュアンスを説明する辞書が「語感の事典」だ。

著者の中村明さんは、その「まえがき」でこんなふうに書いている。

「休憩」か「休息」か迷ったとき、「休み」と書けば、微妙な違いに悩まされはしない。だが、「休み」で済ませるのは、松も柳もクスノキも無差別に「(3)」と片付けるような荒っぽさで現実を切り取ったことになる。

自分の伝えたい意味合いを正確に表すのにもっとも適切な表現を探そう。

文章を書く際、「語感」を確認しながら言葉を探せる辞典だ。文学作品の用例も多く、読みでがある。

同時に、報告書や依頼書、企画書など書くことを毎日求められる仕事、つまり普通の会社員にも便利な一冊だろう。

[図4]① 構造化の効果としての改行有り無しの読解問題

て、主観的アンケートに回答する。図４のように、国語の同じ文章を、改行無しの文章と有りの文章を読み比べて、どちらが読みやすいかなどの６つの設問に答えてもらう。

② 可視化の効果として、理科の指導案を、「イラスト有りと無し」を比較して、主観的アンケートに回答する。図５のように、理科の指導案を、内容は同じにして、通常の表形式とイラスト形式の両方を読み比べて、どちらが読みやすいかなどの６つの設問に答えてもらう。

理科の指導案（身の回りのいろいろな物質の加熱）

「ねらい」興味関心をもって、様々な物質に親しみ、身近な物質を加熱する実験を行う。その際、前時の学習を生かし、実験の結果を分析して解釈させる。

授業の流れ	教師の活動	生徒の反応
①課題の提示する	教師：加熱をして調べてみたいものはありますか？	生徒：アルミニウムはくって燃えるかな 生徒：紙や布です
②結果を予想させる	教師：加熱したらどうなると予想できますか？	生徒：たぶん、紙や木は燃えると思うけどプラスティックはどうかな 生徒：燃えないゴミにしているよ
③ガスバーナーで加熱する	教師：燃料さじにアルミニウムはくをまいて粉をのせます	生徒：すこしずつやろうね 生徒：やっぱり燃えるんだ
④結果をまとめる	教師：気付いたことを発表してください	生徒：プラスティックは意外なほどよく燃えました

[図5] ② 視化の効果としてのイラスト有りと無しの比較問題

③　操作法の効果として、流れ図の作成について、「付箋紙（ポストイット）有りと無し」を比較して、主観的アンケートに回答する。図６のように、問題を読んで、その流れ図を、鉛筆で書くか、付箋紙に書いて貼るかを実行してもらい、どちらが書きやすいかなどの６つの設問に答えてもらう。

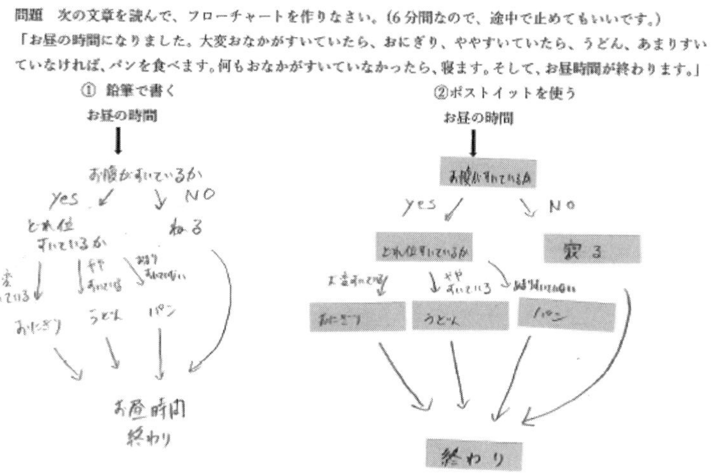

[図6]③操作の効果としての付箋紙（ポストイット）有りと無しの比較問題

5. 結果と分析

以下、比較のアンケート結果を、グラフで示す。

(1)構造化すること

文章を構造化するために、改行の有り無しによる、読みやすさ、流れのつかみやすさなどの比較を図7に示す。図7では、3.0が同じ程度を示すので、すべての項目において、4.0に近いことは、改行有りのほうが、読みやすさなどにおいて優れている。

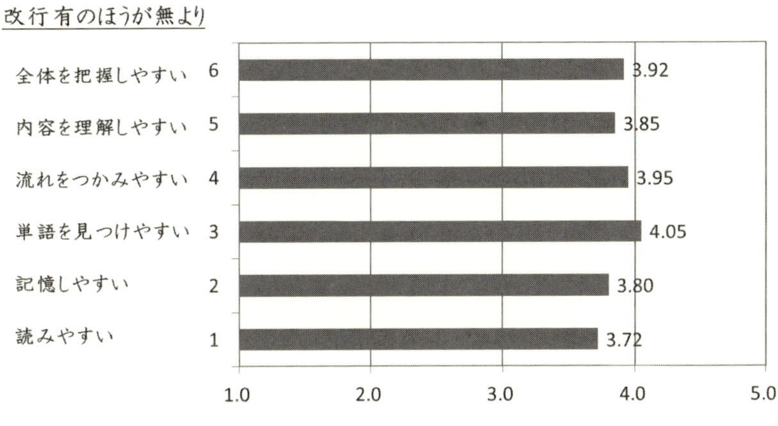

[図7] 改行の有り無しによる比較

(2)可視化すること

イラストにすることで、内容を可視化することができるので、その有無の効果を、図8に示す。この図から、読みやすさ、全体の把握のしやすさなど、すべての項目において、4.0以上を示した。このことから、同じ程度が3.0なので、可視化することは、きわめて効果が高いことがわかった。

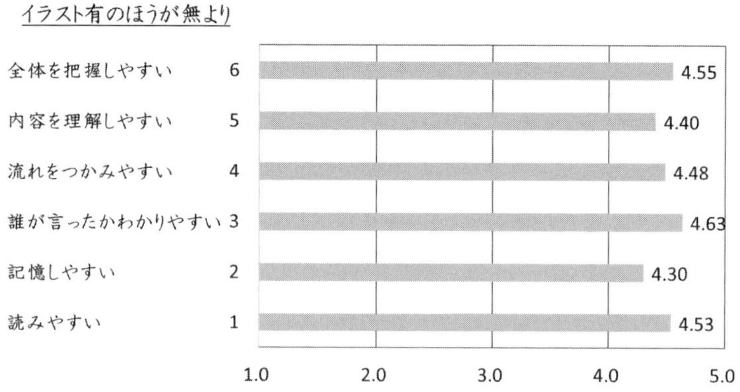

[**図8**] イラストの有り無しによる比較

(3)操作すること

鉛筆で書くことと、付箋紙に書いて貼りつけることで、どちらが書きやすいか、流れをつかみやすいか、などの比較を、図9に示す。書きやすさは、鉛筆のほうであったが、全体を理解しやすい、後で思い出しやすいなどは、付箋紙のほうが、効果的であった。ただし、3.0が同じ程度なので、その差はあまり大きくない。ただし、鉛筆に紙に書くことも、付箋紙に書くことも、書かなければならないので、これはプログラミングでは、テキストプログラミングである。ビジュアルプログラミングでは、書かないでブロックをドラッグするだけなので、この調査項目の書きやすさは、該当しない。この意味で、テキストでコーディングすることは、敬遠されるかもしれない。

以上の比較については、同じ程度を示す3.0との差の片側検定を行ったが、すべての項目について、統計的な有意差（$p<0.05$）が認められた。

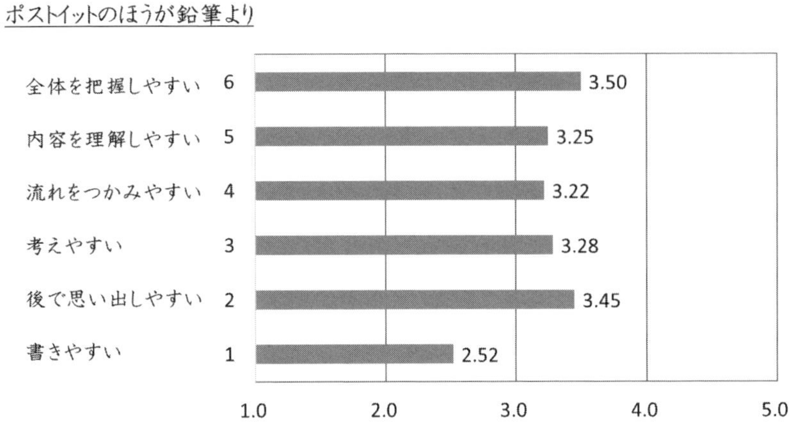

[**図9**]付箋紙の有り無しによる比較

6. 第3章のまとめ

以上から、以下のように結果をまとめる。

（1）最も効果が高かったのは、イラストの有り無しで、次が、改行の有り無しで、最後が、付箋紙の有り無しであった。つまり、可視化、構造化、操作法の順で、認知的効果があった。

（2）イラストの有り無しでは、図5を見ればわかるように、誰が話しているかのイラストであるが、これだけでも、読みやすく、全体を把握しやすいことがわかる。ビジュアルプログラミングで、例えば、Scratchではコーディングした結果が、ステージ（別ウインドウ）に表示される仕組みは、入力と出力の関係を直ちに理解できるので、受け入れやすい。

（3）改行の有り無しでは、コーディングでは、命令文などの構造化であり、このような表示の仕方が、理解しやすいことは、経験的にもわかる。

流れをつかみやすい、全体を把握しやすいことは、コーディングでは重要と思われる。Scratchにおいても、ブロックと呼ばれる命令文の流れが、きちんと構造化されている。

（４）付箋紙（ポストイット）の有り無しでは、書きやすさでは、鉛筆で直接に書く方が書きやすいという結果であったが、後で思い出しやすい、全体を把握しやすいなどは、付箋紙の方が効果的であった。これは、試行錯誤するときに、有効な方法である。例えば、Scratch では、ブロックを追加したり、削除したり、移動したりすることが、容易にできる。ただし、書きやすさでは、むしろ鉛筆のほうが良かったが、ビジュアルプログラミングでは、テキストを書かないので、この項目は該当しない。

以上から、ビジュアルプログラミングの特徴について、大学生に、文章を読む、イラストを見る、読む、流れ図を書く、などの操作をしてもらい、アンケートに答えてもらった結果、構造化、可視化、操作法などのすべてにおいて、読みやすい、流れをつかみやすい、理解しやすい、全体を把握しやすいなどの項目で、効果があった。

第4章

教科における
プログラミング教材

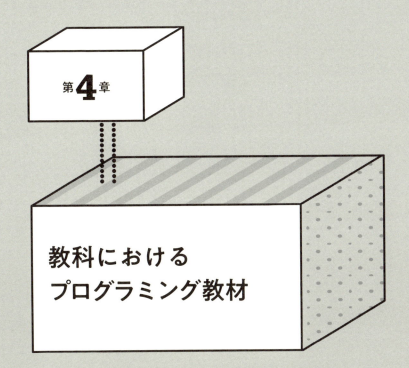

プログラミング教育において、最も難しい課題は、この「教科におけるプログラミング教材」の開発であろう。諸外国においては、ほとんどが独立教科や科目であり、コンピュータ科学を基礎として、その内容を系統的に配置すれば、カリキュラムや年間指導計画や教材などは、あまり問題なくできるからである。しかし、我が国は、「教科における」という修飾語がついている。これが、教材作りを難しくしていることは、言うまでもない。プログラミング的思考という目標と、教科という目標の両方を、達成しなければならないからである。

その達成の仕方も、共通認識されているわけではない。教科の内容を理解するために、という目標が最も受け入れられやすいが、それならば、プログラミングでなくても、シミュレーションやドリルなどのデジタル教材で十分ではないか、という反論が聞こえてくるだろう。プログラミング、つまりコーディングするには、時間がかかる。「教科における」という表現は、その教科の時間の中で実施することを、暗黙の了解としている。しかし、教科の時間をプログラミングに当てることは、教科専門の教員や関係者には、少し抵抗感があるだろう。教科を担当する教員は、一般的に、現行よりも多くの時間を要求する。道徳の特別教科化、外国語、つまり小学校英語の必修化、主体的で対話的な学び、というキーワードを並べるだけで、どれも、これまで以上に、時間がかかる。したがって、教科の中でプログラミング教育を実施するには、関係者を納得させるだけの必然性が求められる。まして、教科の内容や理解に役立たないとしたら、そっぽを向かれるだろう。

教科の目標とプログラミング教育の目標を重ねたら、両方ともマイナスになるようであれば、プログラミング教育の必修化は、意味を失う。教科の目標も、プログラミング教育の目標も、共にプラスにならなければならない。しかし、その実現は難しい。どうすればいいのであろうか。魔法のようなアイデアはないが、本章では、私が考えた具体的な教材を示しながら、考えていきたい。本章では、プログラム言語として、Scratchを用いて、教材を考えた。その理由は、普及性、入手しやすさ、無料などの理由であるが、考え方を理解すれば、他の言語でも、応用ができるからである。

プログラミング教育は独立教科・科目ではないので、教科書がない。つまり教材がないので、教材を提供することが最も重要と考え、筆者がすべて考え、作成した。さらに、小学生でも作れるような簡単なプログラムを示した。ぜひ実践していただきたいが、発表される時は、本書を引用していただければ幸いである。先生方には、教材の作り方、考え方、プログラミングの仕方などを、参考にして指導していただければ、ありがたい。

第４章に示す18教材のプログラム（スクリプト）を、以下のサイトにアップしています。ご希望の方は、アクセスして、ダウンロードしてください。なお発表する際には、必ず本書を引用するようにしてください。
URL：http://www.jam-house.co.jp/kyouzai/

1 算数 速さ問題

1. 教材のねらい

速さ問題の教材である。図1をご覧いただきたい。2つのボールがあって、スタートボタンをクリックすると、2つのボールが動き出す。しかし、この場合、上のボール（青）は、下のボール（赤）より2倍の速さで動きだす。そのようにプログラムしている。さてどこですれ違うだろうか、という問題である。問題というより、速さを考える教材である。このような問題は、算数でよく見かける。ただし、2つのボールを、同じ場所ではなく、画面（これを、ステージと呼ぶ）のマス目の両端においてもよい。この問題のほうが一般的であるが、このように自由に問題設定のできることが、プログラミングの特徴でもあり、面白さである。

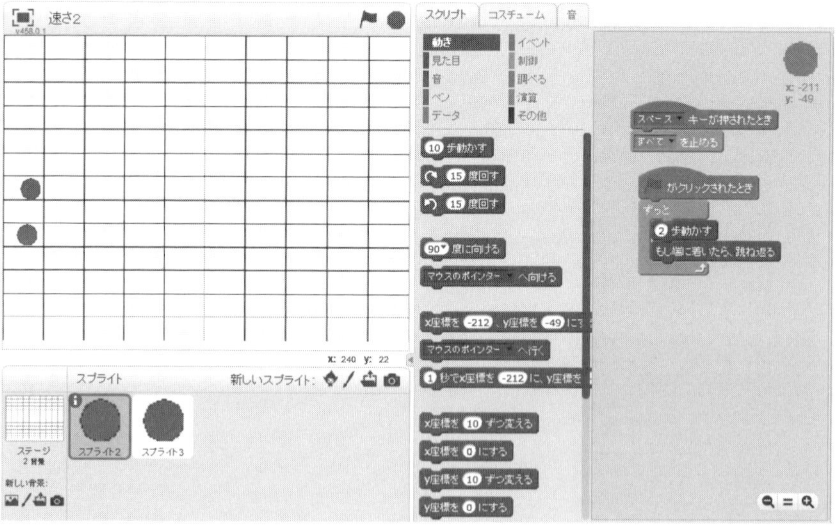

［図1］

紙に書かれた問題であれば、図だけを見て、どのように動いて、どのように端で反射して、どのようにすれ違うのか、頭の中で想像するしかない。しかし、このプログラムは、その動きを見ることができる。シミュレーション教材があれば、同じではないか、という声も聞こえる。シミュレーション教材の場合は、例えば、速さを何倍にするのか、与えられているか、選ぶか、入力するか、などで実行するので、その中身がどうなっているかは、ブラックボックスになっている。中身は見えないが、結果を受け取る学習なのである。しかし、プログラミングすることは、その中身を考えることである。つまり与えられるのではなく、自分で考える、自分で作る、自分で発展させる、という能動的な学習なのである。

さて、問題に戻ろう。上のボールは、端に着いたら、反射して戻るが、どこですれ違うか、子どもたちに考えさせたり、グループで話し合わせたり、教師がスクリーンに投影して、一斉授業で展開してもよい。それは、指導者の自由である。この問題では、上のボール（青）が端に来た時、下のボール（赤）は、半分にきている。このマス目は、全体で10等分しているので、残りの5マスを、1対2に配分した場所ですれ違うことになる。左から数えて、マス目では、5＋5/3、つまり約6.7付近である。その図が、図２である。確かに6.7付近で、すれ違っている。なお、図中の矢印は、ボールの動く向きを示した方がわかりやすいので、筆者が追加したもので、プログラムされたものではない。

もし、両端に２つのボールを置いたらどうであろうか。左端に赤ボール、右

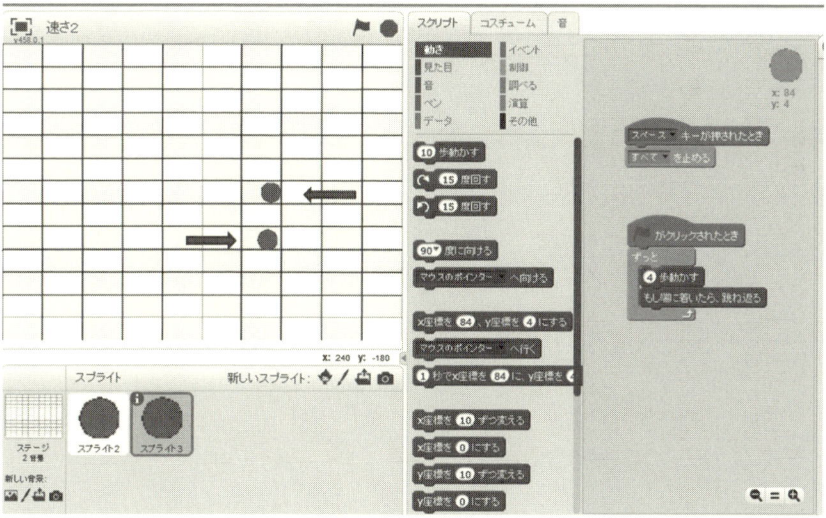

［図2］

端に青ボールならば、10を3等分した位置、つまり10/3なので、左から約3.3付近ですれ違うことになるだろう。

この速さの教材では、どこですれ違うかを、計算することではなく、推論することを、目標にしている。どの位置ですれ違うかを、予測し、推論することができた上で、正確な位置を計算して求めるのである。計算の前に、推論がある。この推論をするには、どうしても、可視化が重要で、見て確かめて、次に進むことになる。

シミュレーション教材との違いは、自分で条件を自由に変えることができる点である。例えば、1.5倍ならどうなるか、3倍ならどうなるか、など自由である。先の例では、２つのボールは、左端から6.7付近ですれ違ったが、では真ん中の5の位置ですれ違うには、どのように設定するか、考えようという課題でもよい。2倍で6.7だから、上のボール（青）は、2倍よりもっと速さが大きくなければならない、と推測できれば、速さの考え方がより深くなっていることが、わかるだろう。これを、実際にプログラムに表せば、動きを見て確認することができる。

さらに、3倍4倍など、自由に試みて、速さの計算や概念の楽しさを体験させたい。実際に10倍にすると、当然ながらその動きはきわめて速いので、子どもたちの興味を引き付けるであろう。その後は、自由課題になるが、何回かすれ違った後で、２つのボールが元の位置に着く。その理由はなぜかという問いは、高度な算数になるが、そこに興味を持たせることができれば、素晴らしい。高度な算数数学には、どこか不思議な世界を感じる。その感じを子どもたちが持てば、算数数学の世界に一歩近づいたことになる。何か、深いな、という気持ちを起こさせれば、後は、子どもたち自身がその世界に入っていく。それは、与えられたからではなく、自分でプログラミングしたからである。自分で、プログラムを作って、確かめて、どうなっているだろう、という気持ちが生まれたからである。

2. プログラミングの特徴

図１と図２を見れば、簡単なプログラムであることがわかる。最初のプログラムなので、少し丁寧に解説したい。

始めは、背景である。背景は、数直線でもいいが、ここでは位置を正確に計算するよりも、推論することに目標をおいたので、およその位置がわかればよいと考えて、図のようなマス目とした。Excelで作成して、jpgに変換した。jpgやpngは、Scratchで読み込むことできるので、そのように設定した。水平方向を10のマス目にしたのは、分かりやすいからである。できれば、左端から、1から10の数字を入れた方がよいかもしれない。図3に、背景をファイルから読み込む様子を示す。

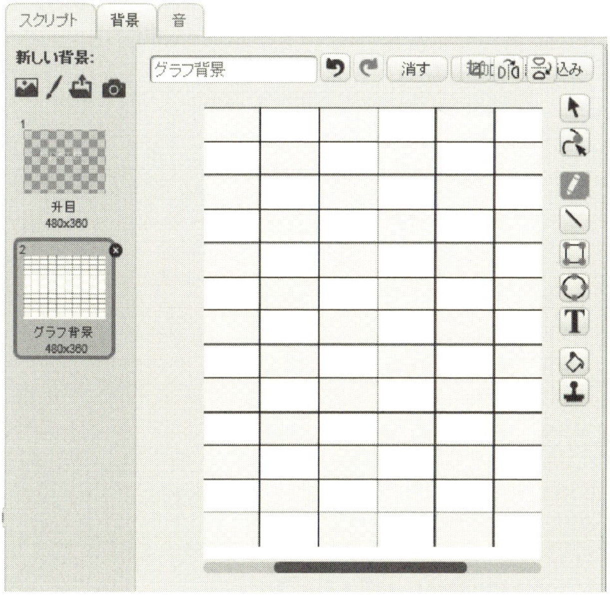

[図3]

次は、2つのボールである。Scratchでは、小人や妖精という意味を持つスプライトと呼んでいるが、ステージの中を自由に動き回る妖精のような意味で、名付けたのであろう。

このスプライトの描き方を、図4に示す。上段にあるコスチュームをクリックすると、いろいろな図形などを描くことができる。ここでは、円を描き、色を塗り、その円の中心が、動きの中心に設定したいので、図4のように、十字架の中心を持ってきた。コスチュームは、服装や飾りなどの意味であるが、ボールのような簡

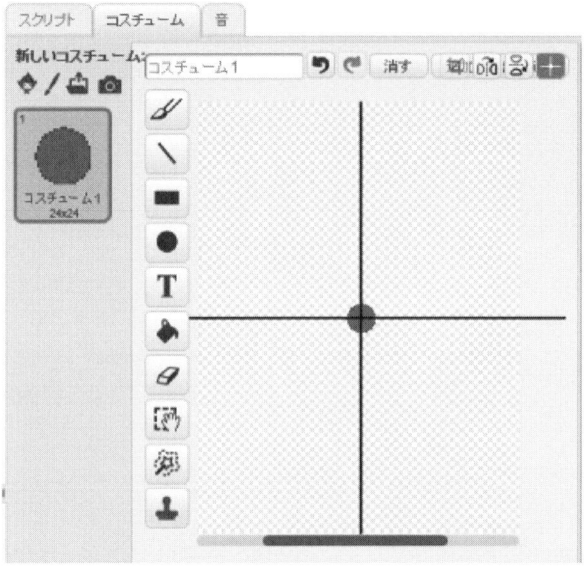

[図4]

単な図形のスプライトであっても、大きさや色や円の輪郭など、服を着せるように飾るのである。

図5は、プログラムであるが、Scratchでは、スクリプトと呼んでいる。放送や演劇などの台本の意味で用いられるが、台本は、登場人物のセリフの流れを示しているので、この場合は、赤と青の２つのボールが、指示された流れにそって動く様子は、役者が台本にしたがって、演技をすることと同じである。図5のスクリプトは、モジュールと呼んでもよいが、簡単な２つのまとまりでできている。スペースキーが押されたら、すべてを止める、という意味は、その通りである。

ボールの動きを止めたい時は、スペースキーを押すようにした。２つのボールがすれ違うときに、止めたいと思ったら、スペースキーを押せばよい。スペースキーでなくてもよく、最も簡単な方法は、図１や図２の上段にある赤丸がストップボタンなので、それを押してもよい。

最も肝心なスクリプトは、次のスクリプトで、先の赤丸のストップボタンの横にあるスタートボタンを押すと、プログラムが実行されるが、青のボールは、4歩動か

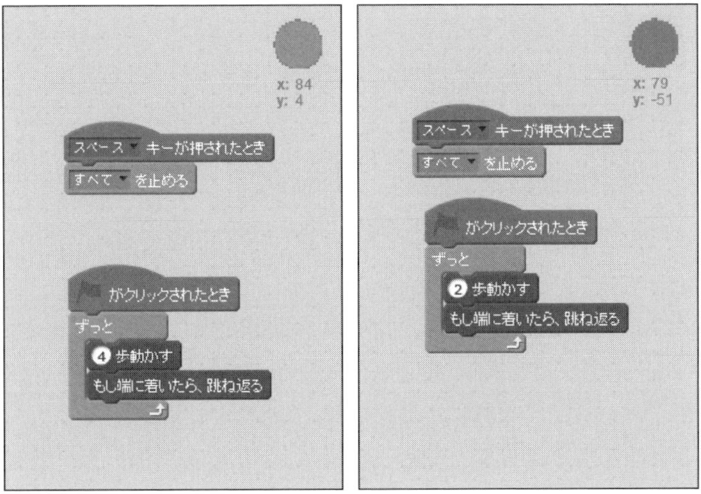

［図5］

し、端に着いたら、跳ね返る、という動作をずっと続けなさい、という命令文（ブロックと呼ぶ）である。どこに向かって動かすのか、という問いは、始めの設定では、水平方向に右方向、つまりx座標のプラス方向に動く、になっているが、直感的に分かるであろう。そして、赤のボールは、その半分の速度で、2歩動かす、というスクリプトになっている。

このようにモデルとなるスクリプトを提示すれば、先に示したように、速さの倍率を変える、スプライトをボールではなく、車とか、人とか、いろいろな発想が出てくる。その時は、向きを考慮しなければならないので、コスチュームを変える必要があるが、このプログラムは、最初なので、最も簡単に作成している。

2 算数　多角形

1. 教材のねらい

多角形の単元は、新学習指導要領にも事例として記述されているので、いろいろな学校で実行されている代表的なプログラミング教材と言える。したがって、あまり詳細に述べないでも理解していただける内容であろう。

4角形を描くことから始めるのが定番である。正4角形の内角が90度であることは、どの子どもたちも知っているからで、これを元に正3角形や正5角形などを学習する。ただし、この内角と外角の違いを理解しないと、プログラムするときに混乱することになる。正4角形を描くプログラムは、例えば1辺を100の長さで描き、90度に向きを変えて、これを4回繰り返す、という手順で描けることは、容易に想像できる。そこで、そのようなプログラムを作る。始めは、4回繰り返す、という繰り返し文を使わないで、{100の辺を書く、90度向きを変える}、これをコピーして、4回書くという方法が、子どもは思いつきやすいので、実際にそのように活動させることも意味がある。では10角形では、どうすると、質問すると、面倒だということに気が付くと同時に、プログラムが複雑できれいではないことにも気が付く。このきれいでないこと、これはプログラムの作法では重要である。そこで、「ずっと繰り返す」文でも、4回の回数を入れた繰り返し文でもいいことに気が付く。

次は、正3角形の作図である。60度を入力したくなる子どもが多いであろう。実際に入力させて体験させるほうが、学習効果はあるだろう。おかしいと気が付いて、内角は60度だが、外角は120度だと気が付けば、目標はほぼ達成したと言って良い。教育用プログラム言語であるLOGOを開発したパパートは、子どもは、すでに日常生活において、いろいろな経験をしているので、3角形も4角形も、その性質を知っている、いかに子どもの知っている暗黙知を引き出すかが、教育活動であると述べている。LOGOでは、亀を動かしているが、Scratchでは、ネコであるが、本質は同じである。本質は、自分が亀だったら、ネコだったら、という立場で思考することである。自分が3角形の辺を歩いていたら、120度向きを変えなければできない、と気づくだろう。円周を走るのは、遊びでも運動会でも体験していて、少しずつ角度を変えて、中心に向かって走るという経験をしているので、超多角形は円であることを子どもはすでに知っているのだ、とパパートは言う。彼は、認知心理学者でもあり、人工知能についても、専門家であった。

子供は虫の目で見ているようなものであり、大人は、鳥の目で見ているようなものと言ってもよい。鳥の目で見た時、正3角形の内角は60度になるが、日常生活では120度のほうがなじみやすい。そこで、指導としては、学校教育では、鳥の目のように理解することがねらいになっているが、それは、虫の目から発展すること、その関係を子どもたちに気づかせることが良い。このような活動を通して、正5角形では、内角が72度であることも、計算で導かせると良い。ただし、教えることよりも、正4角形が90度の向きで内角も90度、正3角形は120度の向きで内角が60度、正6角形は60度の向きで内角は120度から、正5角形は、向きは120度と60度の間で、内角もその間で180度から引いた角度だと推測することができる。

そこから、超多角形が円であること、180度向きを変えれば、直線になることも、実際にプログラムすることでわかる。わかるというよりも、プログラムによって、そうかと、気が付くのである。このように考えると、直線、多角形、円などが、同じ考えでつながっていることに気が付いて、辺の長さ、中心、内角、外角などの理解がより深くなる。それは、プログラミングによって、自分が実際にプログラムを書き、可視化によって確かめ、そうだと気が付くという活動によって、得られる理解だからである。

2. プログラミングの特徴

初めに、スプライトを決める。スプライトとは前に述べたように、小人とか妖精などの意味だが、ここでは、その妖精に図形を描かせるようにした。ただ、描くという意味がイメージできるために、そのような図柄がほしい。Scratchでは、コスチューム、服装と呼んでいるが、何か小道具がほしいので、図1のように、赤ペンをネコに持たせて、その赤ペンで描くようにする。その赤ペンの中心で描くようにするために、コスチュームで、十字架を中心にセットする。これで、描くイ

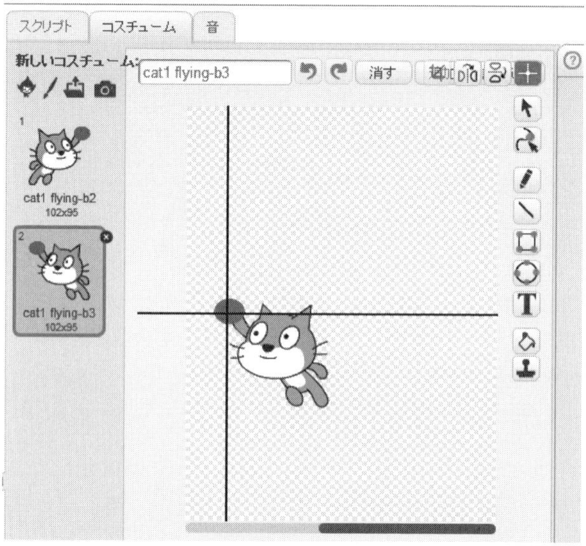

［図1］

メージができる。ただし、これは、趣味の問題であり、小道具がなくてもよい。

赤ペンと書いたが、実際は赤丸で描いている。その描き方は、Scratchで実践してもらいたい。

また、図１では、2種類のコスチュームを用意したが、どちらでもよいが、ここでは、右手に赤ペンを持たせて描くスタイルを用いた。ここでは、Scratch が用意しているスプライトのライブラリーを用いた。自分で作ったスプライトでもかまわないが、用意されているものを使うと、手間が省ける。ただし、日本の学校に合わないスプライトも多いので、その時は自分で用意すると良い。

次に、プログラムの内容を見てみよう。ここでは、スクリプト、つまり台本と呼んでいるが、それを図2に示す。

肝心なスクリプトは、後半の「ずっと」の中の繰り返しのブロックである。0.5秒待つのは、待ち時間がなかったり、0.1秒程度であったりすると、早すぎて、描く様子が見えないからである。90度向きを変えるブロックで、描くのは図2上の四角形である。ネコが赤ペンを持って、描いている様子がわかる。

向きを60度にして描いた図形が、図２下の6角形である。鳥の目のようなイ

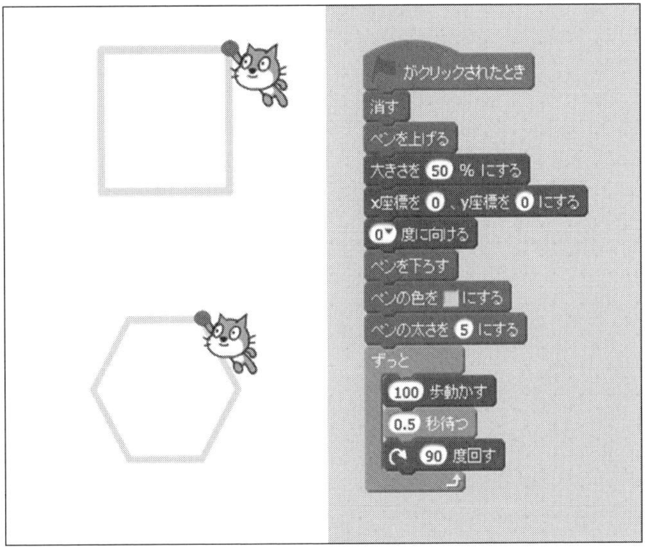

[図2]

メージで6角形を見れば、60度の外角の意味がわかる。さらに、4角形と6角形を比べると、辺の長さが異なっていることに気が付くだろう。これは、多角形の辺の数によって、図形の大きさが異なってくるからである。6角形のほうが、4角形よりも辺の長さが短いのは、4角形と同じ辺の長さでは図形が大きすぎるからである。これも、プログラミングして、可視化して、気付くことである。

プログラミングとは、実際にやってみることである。頭の中だけで考えることではない。やってみて、実行してみて、わかることがある。この辺の長さと図形の大きさの関係も、その1つである。図形が画面（ステージと呼ぶ）からはみ出ても、それは失敗ではない。失敗ではなく、気付くための大切な活動なのである。

図２において、始めのブロックは、スタートボタンがクリックされたら、以下の命令を実行しなさい、という条件文である。

ペンを上げる、下げる、消すなどは、初期設定のブロックと言って良い。描くペンの色や大きさなどを決めているが、詳細は、Scratchで試していただきたい。

図３は、いろいろな図形を描いた結果である。円は、すでに述べた通りで、多角形の辺の数を大きくすれば、円に近づくというシミュレーションを作ることが

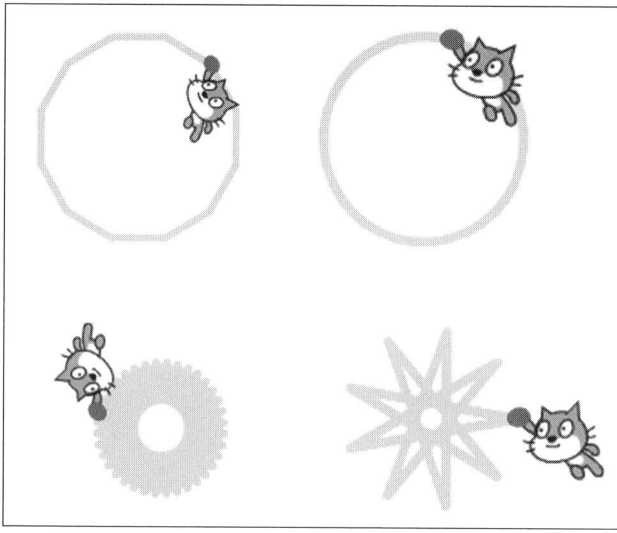

［図3］

できる。さらに、図３の下段に、見たことのないような図形を示した。筆者も、プログラムして初めて気が付いたが、確かにいろいろな図形を描くことができる。

これも、向きの角度をいろいろ変えることで、描くことができるが、はじめから予想して作成した図形ではない。この下段の図形を描くためには、かなり高度な数学を必要とするが、プログラムを用いれば、小学生でも描くことができる。ここが、プログラムの潜在的な力と言ってもよい。

なお、図２の初期設定のスクリプトについても、少し触れておきたい。「消す」のは、すぐにわかるように、何回も描くので、その図形をすべて消して、初期状態に戻すためである。大きさを50％にしたのも、ネコが描くために、図形よりも大きなネコでないほうがイメージしやすいので、そのように設定した。座標は、ステージの中心が（0,0）なので、始めると、いつもこの位置に戻すためである。もちろん、別の座標であってもよい。初期は、「0度に向ける」と設定したのは、常に上向きに描くためである。0度は、上向きに設定されている。横向きから描きたい時は、このブロックの中で選択すればよい。その他のブロックについては、すでに説明した通りである。

先に述べたように、プログラミングの本質は、実際にやってみること、実行すること、気付くことである。予想外のことが多くある。Scratchに限らず、すべてのプログラム言語において、1回で予想した通りにできることはほとんどない。それは、機械と人間の知識や学習の仕方の違いかと子どもは気付くだろう。決して間違わないプログラムは、まさに機械的に処理しているからであるが、人間が、その機械に学ぶこともある。近年の人工知能もその学ぶ対象でもあるが、どのように学ぶかは、これからである。

しかし、図３の下段のような図形を小学生が描いたら、それは、新しい図形の世界に触れたと言って良いであろう。これまでにない素晴らしい経験になるだろう。

3 算数 場合の数

1. 組み合わせ教材のねらい

例えば、以下の問題を考えてみよう。「{りんご、もも、みかん、なし}の中から、２種類を選んで、かごにいれます。どんな組み合わせがありますか、書いてください。」

組み合わせの数を数えあげることが、この単元のねらいであるが、間違えなくすべての組み合わせを数えあげることは、子どもにとってかなりの注意力が必要である。たぶん、すべての組み合わせを、{りんご、もも}のように書くであろう。この程度なら書き上げることはやさしいが、組み合わせの数が多くなると、急に困難になる。書いているうちに、わからなくなってしまう。例えば、{りんご、もも、みかん、なし、いちご、バナナ}の６つから２つを選ぶ組み合わせになると、15通りもあるので、書くだけで疲れてしまう。書くことがねらいではなく、間違いなく、すべてを数えあげることがねらいなので、適当ではなく、規則性を元に数えあげなければならない。その規則性を、子どもが見つければ、素晴らしい学習になる。そこで、これをプログラミングすることで、その規則を考えさせることがねらいである。

例えば、りんご、と他の組み合わせを考え、次に、もも、と他の組み合わせを考え、というようにして、最後は、{みかん、なし}で数えあげたことになるが、その間に、ミスがないかを確認する必要があるので、すべて書くことになるが、かなりの手間になるだろう。そこで、実際に組み合わせを作ればよいが、現実に多くの果物を準備するわけにはいかない。そこで、プログラムによって画面（ステージ）上で確かめることが役立つ。

図１では、１つだけ隠れて見えないが、6種類の果物を用意した。ももが隠れているのであるが、ももとりんごが、ステージには出ていないのは、隠すボタンで、見えないように設定しているからである。図１の下段にみかんを右クリックした様子を示すが、この折り畳みメニューで、ステージに隠したり、表示したりできる。今、4種類の果物が下段に表示されているが、ステージ上部のスタートボタンをク

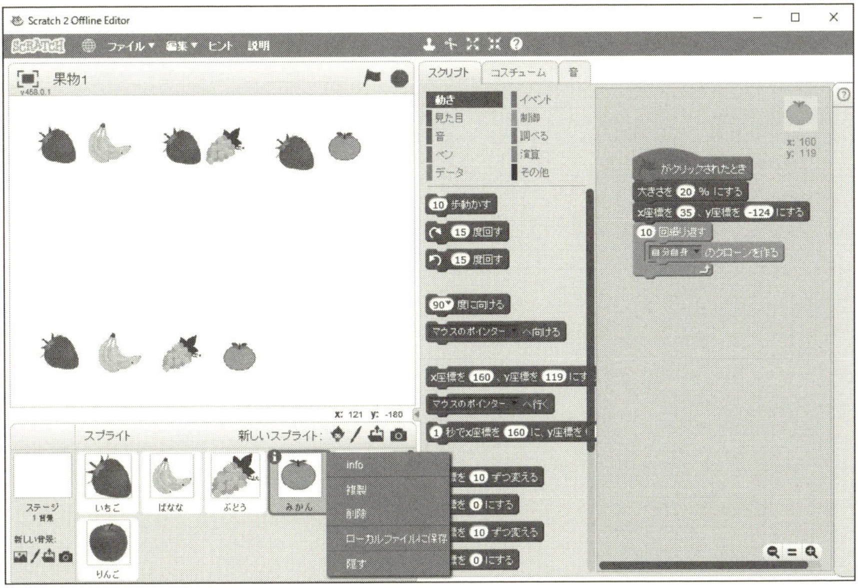

［図1］

リックすると、始まりである。マウスで、いちごをドラッグしてステージの上方に移動させる。この時、下段のいちごは数多く用意されているので、なくなることはない。複数のカードをめくるようなイメージで、移動することができる。いちごと他の果物の組み合わせを作る場合を図2の上部のステージ上に示しているが、これで子どもは書かなくても確認できる。次は、バナナと他の組み合わせを考える場合、{バナナ、いちご}は、すでにステージ上にあるので、すぐに間違いだと気が付く。文字だけの組み合わせよりも、はるかに数えやすい。絵なので、視覚的に気づくからである。そして、順列と組み合わせの違いを、視覚的に理解することができる。

2. プログラムの特徴

始めに、果物の絵を用意しなければならない。Scratchにもいろいろなスプライトが用意されているが、ここではインターネットから無料のイラストを選んで、用意した。筆者のパソコンのフォルダーで恐縮だが、イメージを持ってもらうために、

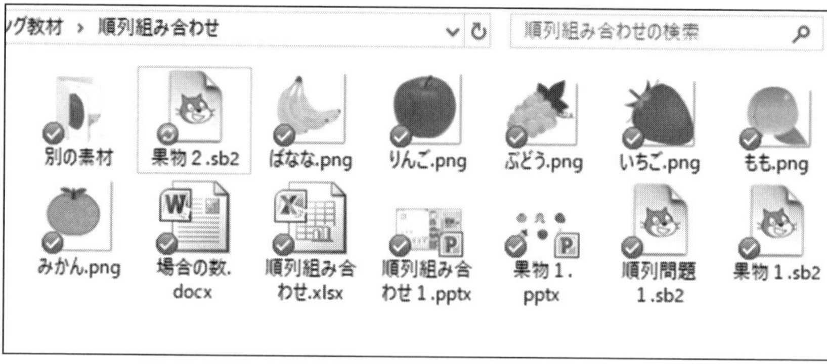

［図2］

紹介する。図２のように、果物のイラストを自分のPCに保存し、Scratchを立ち上げて、自分のフォルダーから、スプライトとして読み込み、それぞれの果物ごとのスクリプト（プログラム）を書く。

果物ごとと言っても、ほとんど同じスクリプトなので、コピーをして貼り付ければできる。その簡単なスクリプトを、図３に示す。スタートボタンがクリックされたら、大きさを20％にする。図１でわかるように、小さい果物の絵にしないと、ステージに入りきらないからである。次が、座標であるが、図１のステージの下段に果物の絵が表示されるが、その位置を指定する。その指定の座標は、図３の上に、いちごの表示があって、その下にｘ座標とｙ座標が示されている。その座標は、自動的に表示されるので、図１ステージの下段に適当に置けば、座標の値は自動的に表示されるので、意識しなくてよい。

次が、繰り返しブロックの中に、自分自身のクローンを作る、というブロックを入れる。繰り返す回数は、適当でよい。クローンなので、果物を移動しても、また同じ果物ができるので、10個までは下段に存在して無くならない、というスクリプトである。これを、各果物スプライトにコピーして、位置座標は自動的に決められるので、問題はない。このスクリプトはきわめて簡単で短いプログラムなので、子どもたちも自由に問題が作れるだろう。この場合、Scratch のスプライトライブラリーから選んでもよい。いろいろな問題作りに挑戦させることも、面白い。

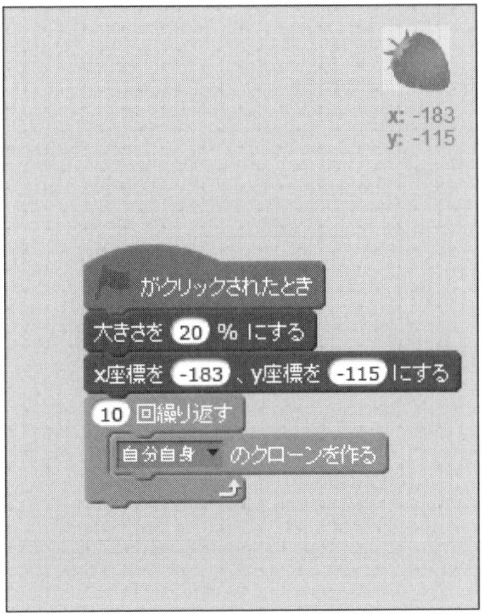

［図3］

3. 順列教材のねらい

組み合わせではなく、順列の問題を考えよう。「{1, 2, 3}の3枚のカードがあります。このカードを並べて、3桁の数字を作ります。すべての数字を書いてください。」この問題では、組み合わせではないので、並びに意味がある。その理解をきちんと押さえる必要があるが、それには、数字に意味がある。1枚ずつしかないので、この場合は、実際のカードで行う方がいいかもしれないが、ここでは、そのことを意識して指導したい。つまり、１２と２１は異なる数字であることは、子どもは知っている。したがって、数字の並びが重要で、並び方によって数字の大きさが異なる。前の組み合わせの場合は、かごに、意味がある。かごの中は、りんごとみかんがあれば、その順序は問わない。それは、日常生活の暗黙知が働くので、組み合わせの意味が理解できる。この3枚の数字カードでも同じことで、トランプなどで並べる経験をしているが、並び方に意味があって、順序で異なることを押さえたい。カードが3枚なので、それぞれの数字のカードは1枚であることも理解させて、同じ数字は使えないことも暗黙的に知らせたい。ただし、その数字の順序の並び方は、かなり多くあるので、これも順序よく数えあげる必要がある。

そこで、果物の組み合わせと同じようなスクリプトで、教材を作った。図４に示す。

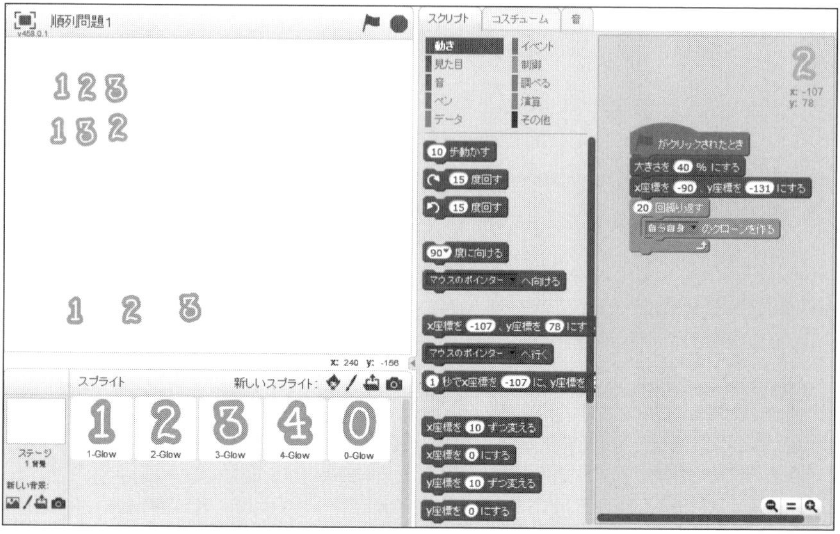

［図4］

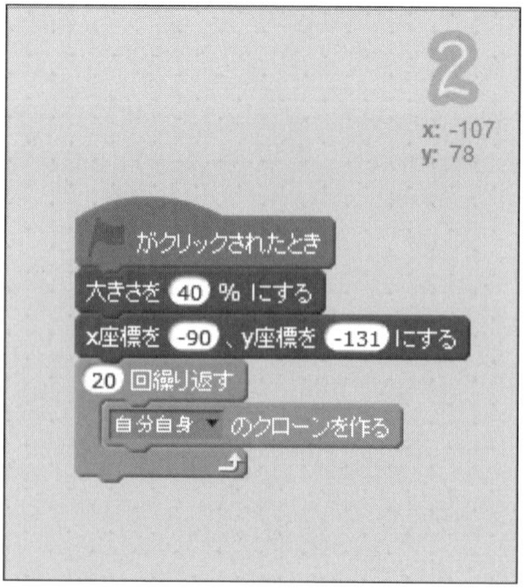

［図5］

図５に、スクリプトを示すが、すでに示した果物のスクリプトとほとんど同じなので、解説は省略する。ただし、このスプライトは、Scratchのスプライトライブラリーから選んで用いた。

いくつかの課題がある。カードの絵の方が、イメージしやすいかもしれない。また、1枚しかないけれども、数えあげるために、クローンで作ることに、違和感があるかもしれない。数えあげるごとに、下段の数字の絵を消す方がいいかもしれない。できれば、基礎的内容を学習した後で、練習問題として、プログラミングさせてもいいだろう。

4 英語 地図案内

1. 教材のねらい

始めにお断りしたいが、筆者は小中学校の教員経験がないので、実践については先生方にお任せするしかないが、これまで多くの実践事例を参観した。筆者の経験から、この教材は興味深い、これは子どもたちが授業に参加している、と感じることが多くある。教材の工夫と言っても、多くは、教員が考案したり、教科書や教材会社の担当者が開発したり、校内研修会などで普及していたりするもので、優れた教材はモノマネされる。これが、教材の良さを測る基準と言ってもよい。教員が、自分もやってみたい、と思わなければ、意味がない。本書で紹介している教材は、すべて筆者の工夫した教材で、モノマネではないが、これまで参観した授業が参考になっている場合もある。ただし、現時点では、本書のプログラミング教材は、学校にはほとんどないと言ってよいが、この地図案内の教材はICTを活用した授業として参観したことがある。

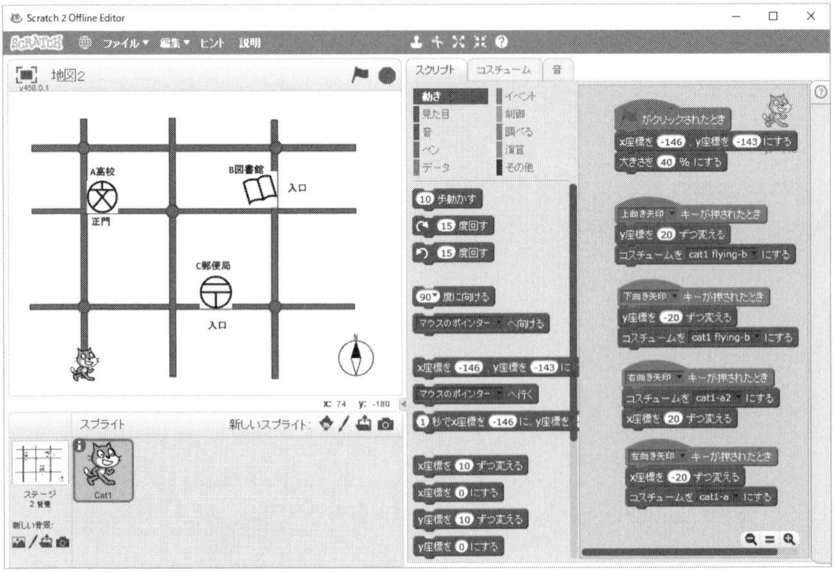

【図1】

始めに、教材のイメージと学習活動について、述べる。Scratchで作成した教材を、図1に示す。

左画面（ステージ）に教材の例、右画面にスクリプトを示した。英語での学習の仕方は、以下のような方法が考えられる。例えば、単元を「地図を見て、行き先を言いましょう」として、教科は、英語と国語が考えられる。

指導の仕方は、例えば、

①地図記号を確認する
②2人ペアになる
③1人が、道順を言う、相手が、それにしたがって、ネコを動かす。
　動かし方は、カーソルを用いて、上下左右に動かす
④いろいろな条件の下で、到達する

いろいろな条件とは、例えば、以下のような場合が考えられる。

①最も近道で目的地に到着する
②赤丸は信号機で、なるべく信号機を通らない
③すべての施設に行く
④すべての施設に、なるべく近道で行く
⑤すべての施設に、なるべく信号機を通らないで行く
⑥上下左右の言葉を使って、話す
⑦東西南北の言葉を使って、話す

などがあろう。

この教材では、用いられる語彙は、東西南北、上下左右、まっすぐ、交差点、次の、曲がる、施設名、信号など限られている。この限られた語彙で、相手に自分の意図を伝えるためには、論理的に話さなくてはならない、どの順番で話したらよいか、さらに、いくつかの条件で実行するとなれば、始めに計画を立てなければならない、など、適当に話をしているわけではない。2人ペアは、そのような伝え

方を学習するねらいだからである。

国語であっても、右に曲がるのか、左に曲がるのか、自分の向きや位置によって、混乱することがあるだろう。右や左は、自分を起点としているので、今北向きに歩いている時の右は、南向きに歩いている時とは、東西が逆になる。上下も、何をもって上下と言うのかを明確にしないと、相手に伝わらない。地球の軸で決まる東西南北と、自分の向きや位置に依存する上下左右とは異なること、したがって、自動車に備え付けているカーナビも、2種類の表示があることなど、触れるとよいだろう。

英語であれば、なおさらに、正しく伝える必要があろう。英語では、何度も練習して慣れることが必要だが、人間は飽きる動物で、何度も同じことをするのは、飽きるし苦痛でもある。それで、やさしい順から難しい順へ難易度を上げていくと、達成感が生まれる。何度も挑戦しても無理だと知れば、人は挑戦しないし、すぐに達成できれば、苦労しないので、挑戦する意味がない。自分の上達する足跡が見えれば、意欲を持つのは、経験上からも納得できる。そのように、指導を工夫したらどうだろうか。

2. プログラミングの特徴

始めに、背景を作成しなくてはならない。背景は、施設などのイラストはインターネット上で入手し、パワーポイントで作成して、図形をjpgに変換した。肝心なことは、自由に道路を動かすことで、このために、キーボードの矢印キーを用いる。Scratchでは、キーボードキーが割り振られているので、便利である。図2のスクリプトを見ていただきたい。スタートボタンのブロックは、初期状態では、ネコを所定の位置に置くこと、大きさを道路の大きさに比べた時に、適当な大きさにすることで、設定している。

次が、条件文のブロックで、上向き矢印キーが押された時は、上向きがy軸なので20ずつ大きくする。ステージの大きさは、座標では中心が（0,0）で、x軸が+240から－240、y軸が+180から－180なので、20のおよその長さはイメージできよう。ただし、ネコのスタイルを、ここではコスチュームと呼んでいるが、変える必要がある。右向きと左向きでは歩くスタイルが異なり、上下では別のスタイルにしたほうが、イメージしやすいので、ネコのコスチュームで3種類を、スプライトライブラリーから選択した。それを、図２右に示す。このようにして、上向き矢印キー、下向き矢印キー、左右の矢印キーを1回押す毎に、20ずつそれぞれの方向に進む。これだけのスクリプトなので、容易に作ることができる。

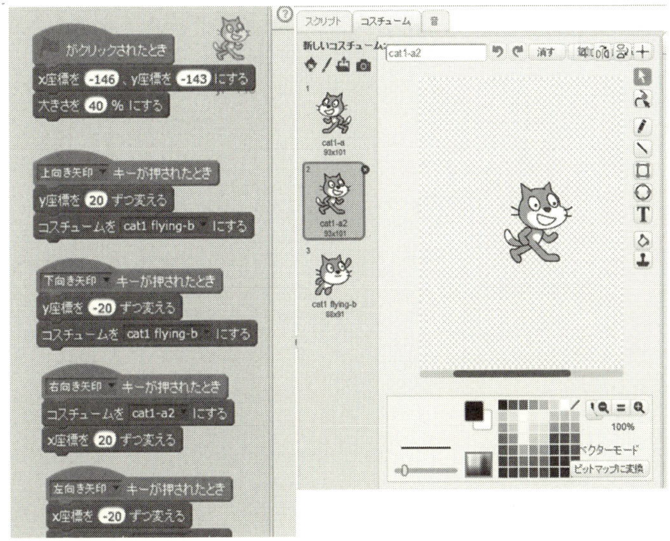

［図2］

5 音楽 曲のプログラミング

1. 教材のねらい

始めに、筆者は音楽については素人であることを、正直に言わなければならない。したがって、この教材が音楽の授業にとって、プラスなのかマイナスなのか、筆者は判断できない。しかし、あえて、教材として紹介したい。その理由は、プログラミング教材として誰でも取り組みやすいからである。筆者の経験で恐縮であるが、ある中学校は合唱で優れた成績を上げていて、市内で定期的な発表会をしている。市内にも多くのファンがいて、発表会を楽しみにしているようだ。筆者は、卒業式で聞く程度であるが、毎年感動する。それは何故か、理由を説明することはできない。専門家ならば、声の出し方、表現の仕方、ハーモニーや音階の正確さなどを指摘するかもしれない。ここでは、始めに断ったように、音楽の専門的な内容を述べるのではない。しかし、音楽は、誰が聞いても、素晴らしいとか、きれいな歌声だとか、引き込まれるとか、何らかの感情をゆすぶられる。初心者には、考えてもわからない。聞くより他に、証明のしようがない。

合唱でも合奏でも同じではないだろうか。声でも楽器でも、うっとりしたり、元気が出たり、自分の好みに合わなければ、耳をふさぎたくなったりする。音楽は、どうも個人の好みに依存するようだ。したがって、これが正解というわけにはいかず、個々の感性に依存するが、それでも多くの人が賞賛する音楽は、優れていると言える。したがって各自が好む音楽を、お互いに聴きあって評価することで、音楽鑑賞ができるかもしれない。当然ながら、専門家の鑑賞の視点が必要なので、コメントが求められる。

以上の背景から、子どもたちが自分でいろいろな楽器で楽曲を演奏させたいが、現実にはきわめて難しいので、プログラミングによる試みである。

図１に、この教材を示す。スタートボタンを押すと、「かえるのうた」（かえるの合唱）が演奏される。この歌は、題名のように、合唱か輪唱が合う。どこかで輪唱の歌声を聞いたような記憶があるが、この教材では、２つのキャラクターを登場させて、輪唱することにした。キャラクターのことを、Scratchでは、スプライト

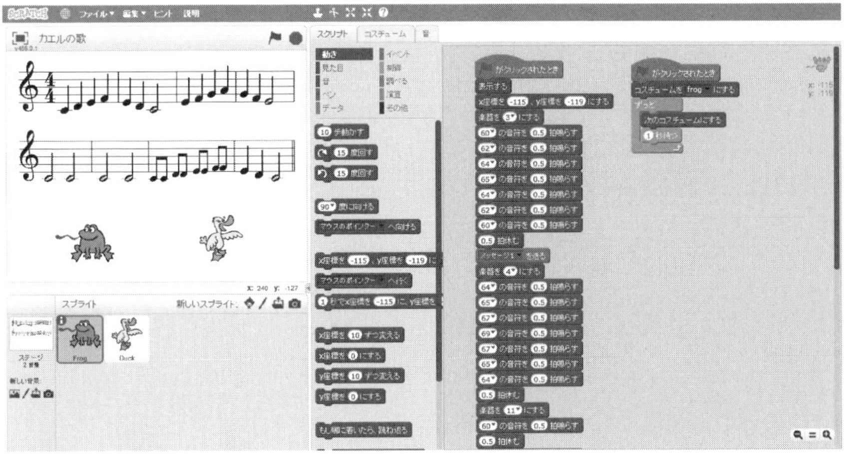

［図1］

と呼ぶが、ここでは、図１のように、カエルとアヒルを選んだ。これらのスプライトは、Scratchのスプライトライブラリーにあるので、容易に選ぶことができる。さて、演奏であるが、小節ごとに楽器の種類を変えて、興味をひきつけるようにした。この教材では、始めにカエルが歌いだし、1小節遅れてアヒルが歌いだすようにしたが、その歌声を表現するのはむずかしいので、楽器による演奏と同時に、カエルとアヒルに、踊るような仕草を取り入れた。伴奏に合わせて踊るキャラクターは、見るだけで楽しい。見るだけというより、見ながら聴きながら、楽しむ教材である。

教材のねらいは、いかに、子どもが個性を発揮して、自分なりの輪唱を作るかにある。その工夫は、１つは、楽器の種類を変えること、２つは、キャラクター（スプライト）の種類と動きを変えること、である。したがって、プログラム、つまりスクリプトは、そのまま利用して、楽器の種類の数字を変える、ライブラリーから選ぶ、コスチュームを選ぶなど、多くのバリエーションがあり、これらを視聴して、子ども自身の作品を作ればよい。実際に筆者が試みた結果では、いつ視聴しても楽しいし、いろいろアイデアが浮かぶので、子どもたちの作品を鑑賞し合う授業は、盛り上がるのではないだろうか。

2. プログラミングの特徴

始めに、ステージの背景を決めなければならないが、インターネットでも別の資料でもいいので、楽譜を探して背景としたい。授業で使う場合でも、媒体が変わると著作権に問題が生じる場合もあるので注意したいが、フリーの楽譜を使いたい。ここでは、図1のような背景とした。次に、カエルとアヒルのプログラム、つまりスクリプトであるが、図2にカエルのスクリプトを示す。スタートボタンを押すと、2つのスクリプトが実行されるが、左を見てみよう。表示するブロックは、当然ながら、カエルの表示である。通常は表示のブロックは必要ないが、このスプライトの最後に、隠すブロックをつけている。その理由は、カエルの楽譜が終わったら、カエルは消える設定にしたいからである。したがって、始める時には、表示するブロックが必要になる。

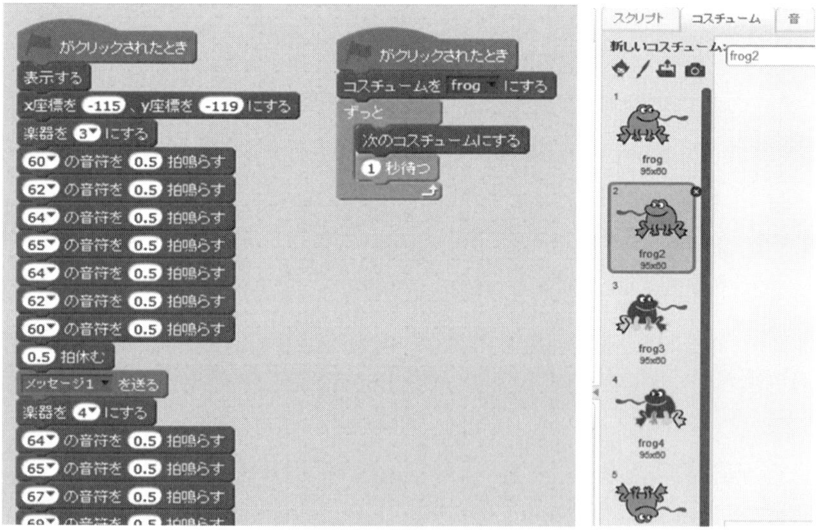

［図2］

座標は、カエルを自分の好きな位置におけば、自動的に決まる。

楽器の種類については、図3左のように、楽器ブロックをクリックすると、21種類の楽器が折り畳みメニューで表示されるので、数字を選べばよい。図3左では、1のピアノを選んでいる。音符については、図3右のように、音符ブロックを

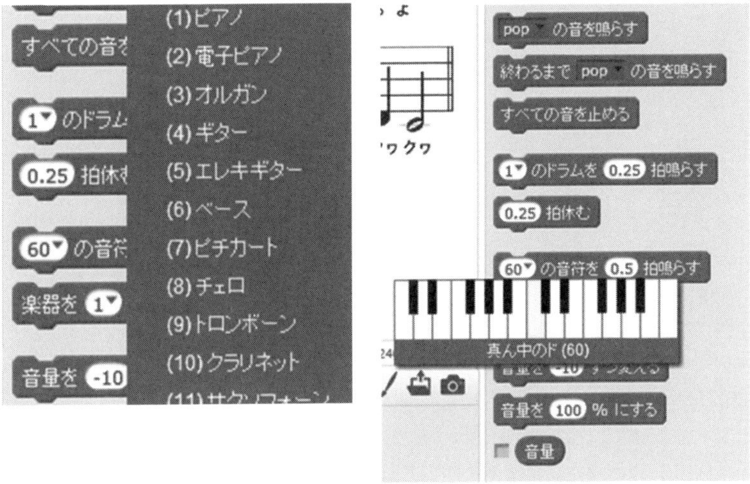

[図3]

クリックすると、ピアノの鍵盤が表示されるので、それを見て、数字を選べばよい。拍数は、音符の長さによって、決める。このようにして、楽譜を見ながら、スクリプトを作る。

図2の左で、メッセージ1を送るブロックの意味は、1小節後に、カエルからアヒルにメッセージを送って、メッセージを受け取ったアヒルが演奏を始めるためである。これで輪唱ができる。図2右のスクリプトでは、スタートボタンがクリックされると、カエルが表示されるが、その繰り返しブロックは、1秒ごとにコスチューム、つまりカエルの仕草を変える設定にしている。音符に合わせてコスチュームを変えるほうが、音楽と踊りが連動するので面白い。ここでは1秒ごとに変えるようにしたが、それでもリズムがあって、楽しい。そのコスチュームを、図2の右に示す。コスチュームは、ボタンをクリックするだけで、左右や上下の形ができる。また、カエルの色を変えることも簡単にできるので、これで、6種類のコスチュームを作り、1秒ごとに移っていくことで、演奏と共に、カエルが踊るように見える。

同様に、アヒルのスクリプトを見てみよう。図4に示す。多くの説明は不要と思われるが、図4の右は、アヒルの左右のコスチュームだけにすると、1秒ごとに左右を向く踊りとなる。図4の左画面で、1つは、メッセージ1を受け取ったときの

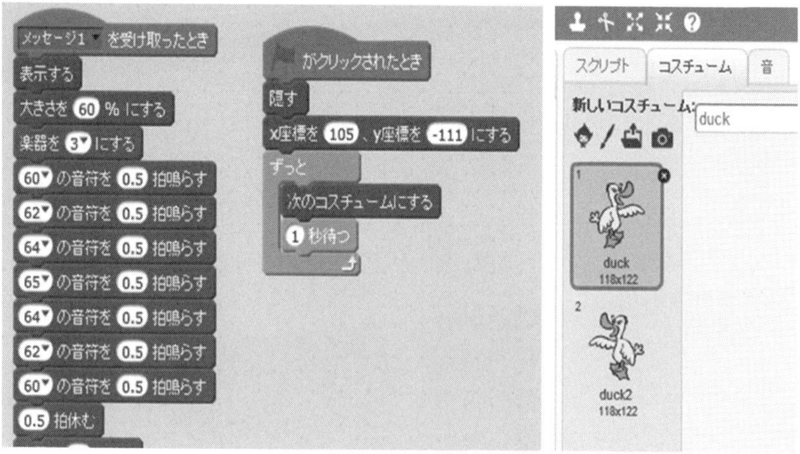

［図4］

ブロックがあるので、カエルからこのメッセージを受け取って、つまり1小節後の演奏が始まる。同時に、表示するブロックを挿入して、アヒルが登場する。楽譜は、カエルの楽譜のコピーである。また、1秒ごとに「次のコスチュームにする」ブロックで、左右を向く仕草をするので、カエルとアヒルが踊りの交換をしているように見える。図４のスクリプトで、スタートボタンがクリックされた時に、隠すブロックを挿入しているが、この代わりに、メッセージ１を受け取った時のブロックにしてもよいが、途中で止めた時は、ステージにアヒルが残っているので、スタートボタンを押しても、まだ演奏していないのに表示されることになるので、ここでは図４のようにしている。

子どもたちが工夫するのは、楽器の種類、踊りの仕草、音符に合わせて踊る、などであろう。また、他の楽譜で作品を作ることも発展性がある。さらに、発表会などを行い、どのような演奏が子どもを引き付けるのか、音楽鑑賞をしながら、その理由を分析することも、時間はかかるが、興味深い実践になるだろう。

6 社会・算数 長さ比べ

1. 教材のねらい

この教材は、小学校算数としては、高度な内容になっているので、発展問題としてとらえたい。あるいは、社会や総合的な学習の時間で学習してもよい。例えば、算数で学習する長さや面積は、平行四辺形、三角形、円、それらの組み合わせなどである。三角形の面積の問題でも、30度、60度、45度、90度などでほぼ決まっている。何故だろうかと問われても、それ以外は計算が面倒だったり、三角関数を用いないとできなかったり、小学生では高度すぎて無理だという答えが返ってくるだろう。しかし、現実問題では、そのような角度が決まった長さや面積を求める問題は少ない。曲がりくねった道、いびつで複雑な形の周囲の長さや面積を求めることのほうが、現実に合っている。伊能忠敬は、歩いて日本地図を測量したと言われる。どのように行ったのか、興味深い。この教材は、そのような現実世界にある形の周囲の長さを求める方法を、プログラミングによって、解決しようとする試みである。

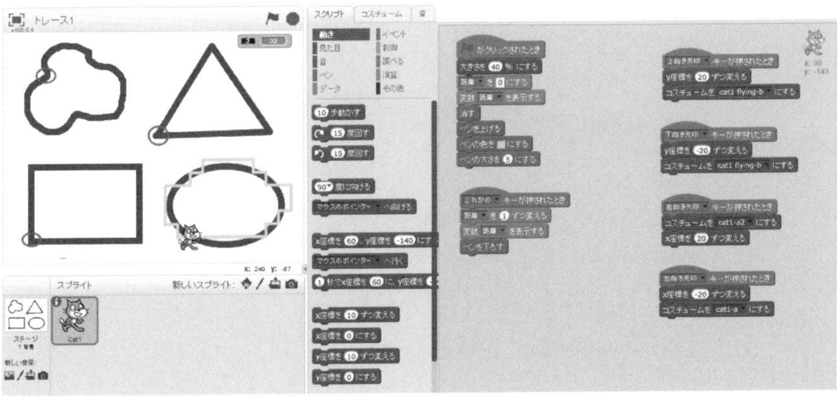

［図1］

図1をご覧いただきたい。イメージはわかるであろう。左のステージに、4つの図形が描かれている。これらの周囲の長さを求めて、比較しようという課題である。右の画面に、プログラム、つまりスクリプトが書かれている。この周囲の長さ

の求め方は、想像できるだろう。楕円の周囲をネコが歩いた様子があり、その足取りが、ギザギザの線で表されている。つまり、伊能忠敬のように、小刻みに歩いて周囲の長さを求めるのである。

複雑な図形では、このような測量の方法が現実的だとわかる。一方、ステージにある四角形や三角形では、この歩き測量よりも、1辺の長さがわかれば、すぐに計算できるので、そのほうが正確である。ステージの左上の複雑な図形は、どうであろうか。歩き測量しか求める方法は無さそうである。そこで、これをプログラミングによって求め、比較しようと考えるのである。周囲の長さや面積を、このような複雑な図形でも比較できるとわかれば、考え方が深くなるであろう。「②算数　多角形」の教材で、超多角形は円に近づくことを学習した。同じような考えが、この教材にも生かされている。画面(ステージ)の三角形の周囲の長さで、底辺と他の2辺では長さが異なること、それは何故かを考えさせて、近似値の考えに気付かせることも、興味を引くだろう。

2. プログラミングの特徴

始めに、測量する場合に、上下左右の矢印キーを用いる。このスクリプトは、すでに「④英語　地図案内」で紹介した(82ページ参照)。そのまま利用すればよい。

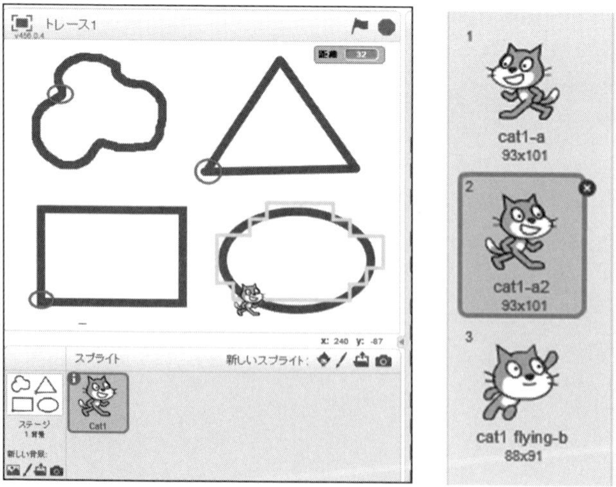

［図2］

図形とネコのコスチュームを、図２に示す。

図２でわかるように、ネコのコスチューム１は、左に移動、２は右に移動、３は上下に移動する時であるが、矢印キーを押すと、自動的にこれらのネコが表示される。図２左の右上段に小さい表示があるが、これは、ネコが歩いた距離の数字である。この数字によって、比較ができる。当然ながら、ネコが歩く幅、つまり矢印キーを1回押すことで移動する距離によって、精度が異なり、細かくすれば精度は高いが時間がかかり、逆に大きくすれば精度が低くなるが、時間は少なくて済む。現実の問題は、常にこのような状況で模索している。この教材では、1回で進む距離を20とした。４の英語地図案内で書いたように、座標では中心が（0,0）で、x軸が+240から－240、y軸が+180から－180なので、20の長さは、ステージのx軸つまり横幅の24分の１程度になる。この数字を10や5にすると、精度は高くなる。

さて、そのプログラム、つまりスクリプトを、図３に示す。このスクリプトでは、変数を定義することが重要である。「データ」カテゴリーの中に、変数を作るボタンがあるので、これをクリックすると、自由に変数を作ることができる。ここで

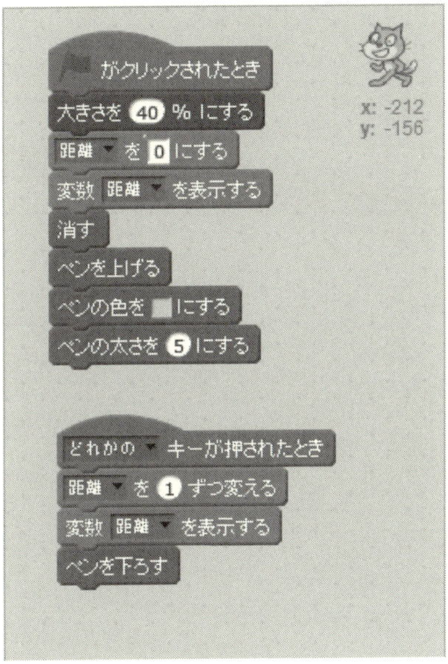

［図3］

は、その変数を距離と名前を付けた。つまり移動した距離である。

変数を作ると、自動的に、変数でよく使うブロックが表示されるので、このブロックを使って、スクリプトを作る。

図３のように、始めに距離を0にする。初期値だからである。どのくらい移動したかを知るために、この距離を表示する。それが、図2の上段の小さな表示である。移動する軌跡を残すために、ペンで書くが、初期値として、前に動いた軌跡を消して、ペンを上げて、色と太さを指定する。

次が、矢印キーのどれでもいいので、押されたら、距離を1ずつ変え、その距離を表示する。これらのブロックで上下でも左右でも、距離が1ずつ変わるので、上下左右に移動した合計の距離を計算していることになる。

図１や図２の図形に、丸印があるのは、スタート点である。どこからスタートしたかを知るためである。このステージの背景は、Scratchの描画を使って、簡単に描くことができる。子どもたちには、自由な図形を描かせて、比較することは興味深い。

また社会科の学習として、図４に示すように、地域の地図を背景に使って、その周囲の距離を求めたり、駅から歩いた距離を求めたりすることなどは、興味深い。図４では、ネコが駅から大通りまで歩いたが、その距離は39と表示された。図４の下方に100ｍの表示があるので、この100mを測ると、距離は6であった。したがって、駅から現在の位置までは、約650ｍとして求められる。ものさしで測っても、ほぼ同じ距離であった。もっと複雑な移動、例えば、買い物をして、お医者さんに行って、駅まで戻るという設定にすれば、プログラム教材が役立つ。図４では、線の太さを2にして細くし、矢印キーの1回を10にしたので、少し細かく移動できる。このように、いろいろな工夫をしていただきたい。

駅からの距離
v458.0.1
距離
39
御幸町
東町
善了寺
寿町
イオン所沢店
BOOKOFF PLUS
所沢プロペ通り店
八十二銀行 所沢支店
日吉町
所沢スロット館
所沢
三浦歯科
西武所沢店
西住吉
Google

[図4]

7 社会・算数　面積比べ

1. 教材のねらい

教材については、先の長さ比べと同じなので、ポイントだけ述べる。

社会科では、地域の学習がある。先の長さ比べでは、埼玉県の所沢市を取り上げたが、地域の特徴、名産品、農業、漁業、住宅街などについて学ぶ。ワークシートなどに書き込んで、学習することも重要である。

隣接市との距離、河川の長さ、農業地域と商業地域の面積なども学習する。日本地図では、日本の代表的な河川、山脈、湖なども学習する。そこで、前回の長さ比較と同じプログラムで、面積比べを教材にした。

図１に、その様子を示す。長さ比べは、移動する距離で比較したが、面積比べも同じである。長さは、歩くイメージで、そのステップ数で複雑な図形の周囲の長さなどの距離を求めたが、面積比べでは、ペンキ塗りのイメージと考えてもらえばよい。

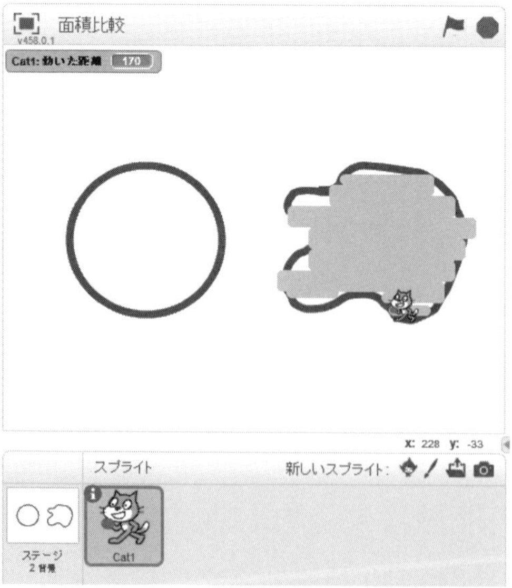

[図1]

図１のように、図形をペンキで全面に塗って、その動いた距離は面積を代表すると考えて、比較する方法である。これまでのプログラミングでは、モンテカルロ法などの専門的な方法が、良く知られているが、プログラムやアルゴリズム（正解にたどり着く手順）に焦点が置かれて、教科におけるプログラミングには、なじまない。というより、乱数など小学生には不向きな概念が必要で、意味がない。それよりも、ペンキ塗りのイメージは、日常生活で体験しているので、暗黙的に理解できるだろう。

図２に、そのスクリプトを示すが、前の長さ比べと同じである。少し違うのは、ネコのコスチュームを変えて、赤丸を持たせて、この赤丸の中心がペンキを塗る先としたこと、矢印キーが押された時の移動の単位を10としたことであるが、最も重要なことは、この10の移動距離を、ペンの太さと同じにすることである。

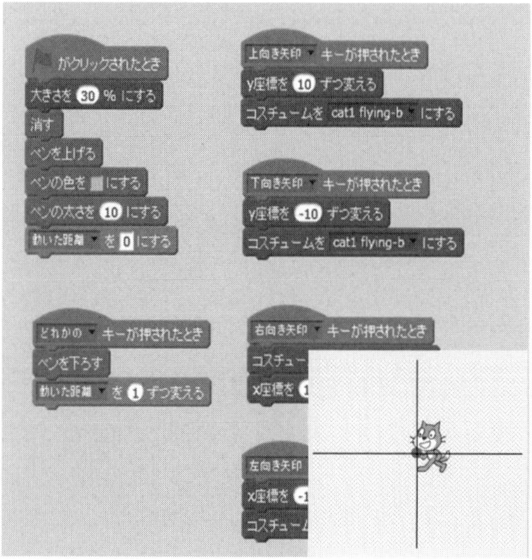

［図2］

図１でわかるように、面積なので、重ね塗りをしてはいけない。そこで、できれば一筆書きで塗れれば最もよい。左右と上下の移動の時、線の太さと動くステップが同じ10の単位であれば、重ね塗りがないからである。それでも、図形によって、白地ができたりするが、その時は、ネコをマウスで持ち上げて、その位置

に移動して塗ることになり、正確さに欠けるが、残念ながら致し方ない。

図3は、琵琶湖と淡路島の面積を比較するために、淡路島をペンキ塗りしている様子である。左上部に、動いた距離が227と表示されている。島全体を塗りつぶした数字と、琵琶湖全体を塗りつぶした数字の比較によって、どのくらい違うのかが、わかる。

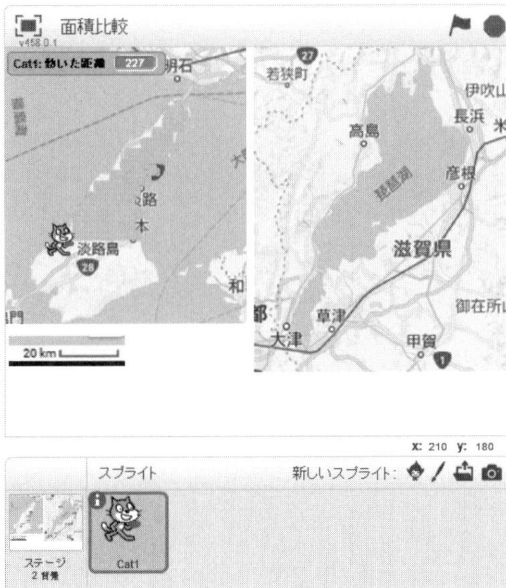

[図3] Google Mapから引用

さらに、左に同じ縮尺で、20kmの長さが表示されているので、その距離を測って、20km×20kmの面積と比べれば、淡路島や琵琶湖の面積が計算できる。それを、資料と比べるのも、面白い活動になるだろう。精度を上げるなら、移動の単位や線の太さを5に設定することもできる。なお、地図はインターネットから検索し、同じ倍率で拡大などして、jpgで図形保存して、背景として用いた。

複雑な図形の長さや面積などは、正確には求まらない。そこが、算数の学習とプログラミングによる学習との違いである。プログラムとは、現実の問題解決のために作られたからである。両方の思考法について学ぶことが大切である。

8 社会 県名クイズ

1. 教材のねらい

東日本の県名を当てるクイズのプログラミングである。「なんだ、クイズか」と思われるかもしれないが、クイズやゲームは、優れた教育方法である。特に小学校の指導力のある教師は、クイズやゲームをうまく授業に取り入れている。脳が活性化することは、大人であっても経験的に知っている。

さて、このクイズは、図１のように、始めに、ネコが「東日本の県は？」と問題を出す。ペンギンが、それに答える。答え方は、答えの欄が下段に出てくるので、そこに文字入力する。入力すると、図２のように、答えた文字が、順番に表示される。この表示を格納している変数をScratch ではリストと呼ぶ。わかりにくいが、通常の変数は、例えばX＝３のように、１つの変数には１つの値が入る（格納される）。リストは、複数の変数を格納できる。

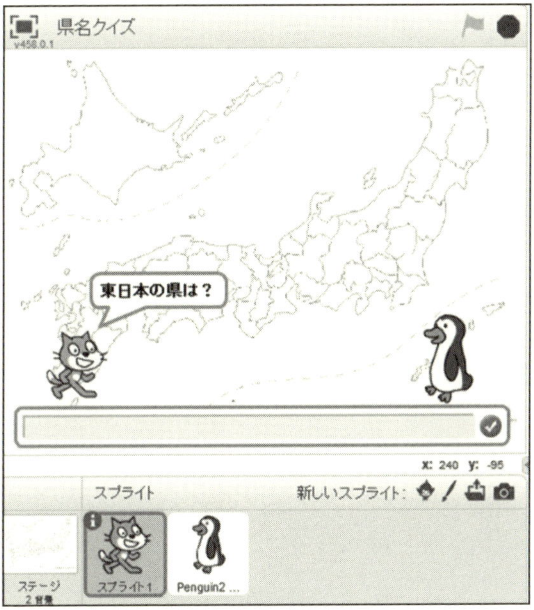

［図1］

［図2］

さてクイズは交代で答えるので、図２のように、ペンギンが、「今度は君の番だ。他の県は？」と聞いて、ネコが答える。それが、リストに順番に格納され表示される、というクイズである。この東日本の県というリストでは、1番目とか2番目のように番号がついて、リストの内容を指定することができる。

クイズのイメージはすぐにおわかりだと思うが、教材のねらいは何だろうか。正直に言えば、プログラムでなくても他の方法でも同じ効果はあるだろう。例えば、黒板に日本地図を貼って、教師が質問して、子どもたちが答えても良いし、2人がペアになって、このクイズをやってもいいだろう。だから、このプログラムは、総合的な学習などで、プログラムの作成というねらいで実践するほうが、わかりやすいかもしれない。なお、背景の日本地図は、インターネットで無料の地図をダウンロードして、jpgにして用いている。ただし、この教材は、2人がペアになって、ネコ役とペンギン役で交互に県名を入力して、その県名が順番にリストとして画面上部に表示されるので、意外と盛り上がるかもしれない。教室でスクリーンに投影して一斉授業で行うことも、興味深い。

プログラム作成という観点では、少し難しいが、この教材は実行する価値はあるだろう。その理由は、プログラミングにおけるポイントとなる考えが、反映されているからである。もし、このクイズが、子どもとプログラム自身と対戦するならば、かなりの学習効果が期待できる。例えば、ペンギンの答えがプログラムに組み込まれていて、ネコが子どもだとしたら、どうであろうか。急に面白そうだと思うであろう。子どもが問題を出すと、ペンギンが答える。子どもに、負けられないという意識が出てくるからである。

東日本だから、答えが限られているので、すぐに結果が出るが、日本の県名や世界の国や都市などが対象であったら、人がプログラムに負けることは容易に想像できる。しかし、それはプログラムに答えが組み込まれているから当然ではないか、と答えられれば、かなりプログラムのことを理解していると言えよう。プログラムに、そのように書かれているとすれば、それは人が記憶しているとか覚えていることと同じだから、当然だと思うのである。しかし、これが、将棋や囲碁やチェスだとしたら、記憶や覚えていることではなく、判断したり推論したり、という思考力が働いて、対戦していることになるので、答えはプログラムの中に書かれていないのである。ではどうしているのか、と言われれば、人工知能（AI）だと答えるしかないが、ここでは省略しよう。以上のように考えると、このプログラムは初歩的な内容ではあるが、プログラムらしい特徴を持っているので、総合的な学習などで、プログラミングさせる意味があるだろう。

2. プログラミングの特徴

図３に、プログラム、つまりスクリプトを示す。

スタートボタンが押されると、①のネコのスクリプトが実行される。リストとは、図２に示した東北の県名が並んだ変数のことであるが、一般にプログラムでは、配列と呼ぶ。Scratchでは、「データ」カテゴリーをクリックすると、リストを作るボタンがあるので、そのボタンをクリックして、東日本の県と入力すればできる。①でそのリストを隠すのは、前のリストを見えないようにするためで、次のブロックで、すべての内容を削除するのは、前のリストのすべての値を消すためである。質問の数は必要なので、「データ」カテゴリーで変数として作る。その質問の数も

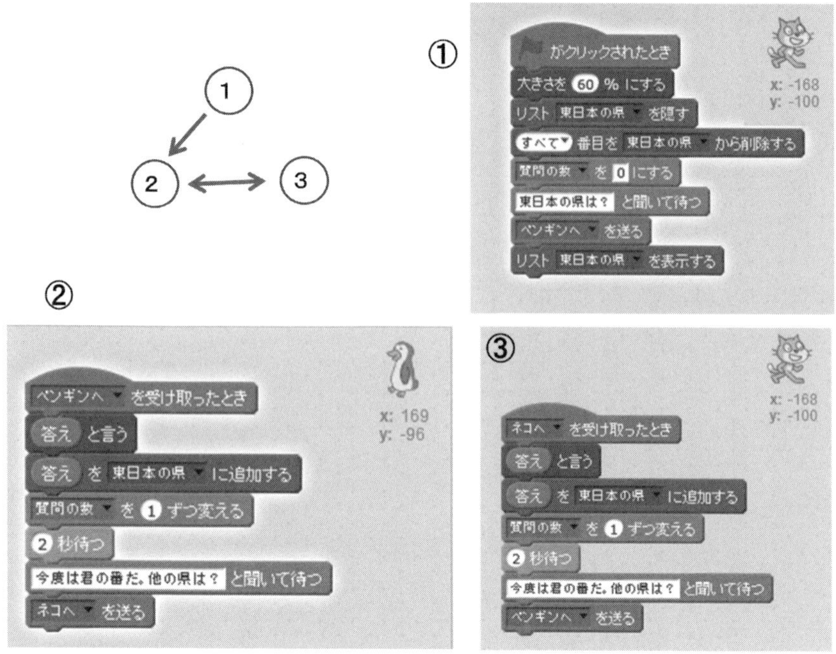

[**図3**] Google Mapから引用

0にして、すべて初期状態にする。「調べる」カテゴリーから、「東北の県はと聞いて待つ」ブロックを選ぶと、図１のように、答えを入力する欄が表示される。「イベント」カテゴリーからペンギンへ送るブロックを選ぶ。

ここで、カテゴリーやブロックやスクリプトをもう一度整理しておこう。

図４に示すように、左の画面は実行する画面でステージと呼び、右はスクリプトを表示する画面で（スクリプトスペース）、中央の上がカテゴリーで、カテゴリーをクリックすると、下にブロックが表示される。今、「データ」カテゴリーをクリックしたので、下に、「変数を作る」ボタンと、「リストを作る」ボタンが表示されている。カテゴリーは、分類の意味だが、多くのブロックがあるので、同じ性質のものはまとめたほうが検索しやすいからで、メニューと同じである。

さて、次に①から②に移るが、②はペンギンのスクリプトで、始めに、「ペンギンを受け取った時」ブロックを、「イベント」カテゴリーからドラッグする。これで、①から②に移る意味が、理解できよう。「答えと言う」ブロックで、答え、つまり

図１の答えの入力欄の内容が、ペンギンのセリフの吹き出しで表示される。さらに、その内容が、東日本の県のリストに追加される。リストの数が0だったので、図１では表示されなかったが、リストに追加されたので、①のプログラムにあるように、リストの表示ブロックが実行されて、図２のように左上に、リストの値が表示される。②のスクリプトで、その後の処理は、ほとんど問題なく理解されるだろう。最後は、「ネコへ送る」ブロックで、③に引き渡される。③はネコのスクリプトで、「ネコを受け取った時」ブロックを、「イベント」カテゴリーからドラッグする。後の処理は、ペンギンのスクリプトとほぼ同じである。

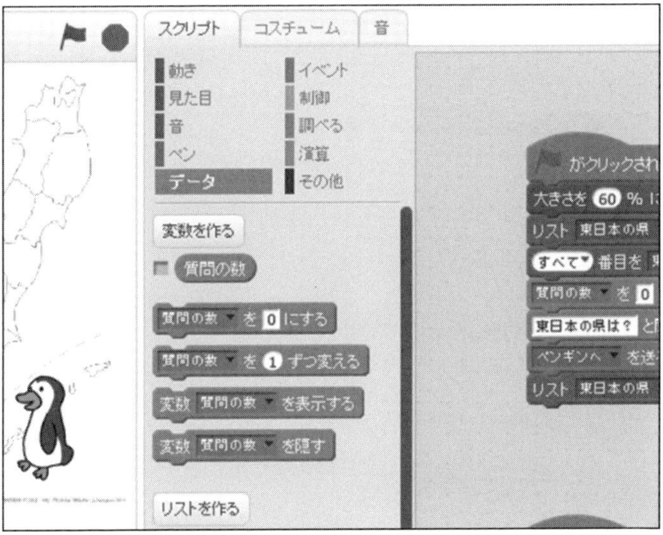

［図4］

この情報のやり取りを、図３に示した。少し複雑で、分かりにくかったかもしれないが、このスクリプトでは、ネコのスクリプトには、初期状態のスクリプトと、クイズを受け持つクリプトがあり、ペンギンのスクリプトには、クイズを受け持つスクリプトがあり、それぞれにメッセージが送られ、そのメッセージを受け取って、スクリプトを実行するという仕組みになっている。

9 社会・英語 国旗作り

1. 教材のねらい

この教材は、ある小学校での英語の授業からヒントを得た教材である。十数年以上も過去のことなので、どこの学校なのか明記できないことをお許しいただきたいが、英語で国旗を説明する授業であった。

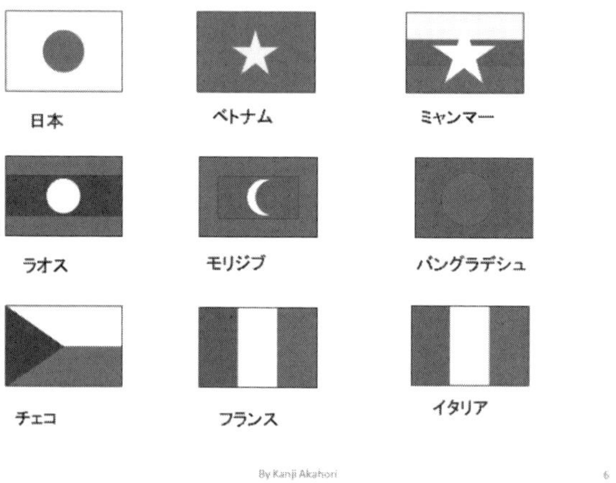

［図1］

国旗を眺めると、行ったことのない国が多く空想が広がるが、例えば図１を見ると、どこか似ている国旗が多い。アジア系は太陽や月や星が描かれており、ヨーロッパ系は四角形の組み合わせの特徴がわかる。子どもたちに、国旗について歴史を調べさせると面白いだろう。大人であっても、十分に興味が注がれる。国旗を見ると、このようにいくつかの部品から出来上がっていることがわかる。そこで、部品から国旗を作って、どの国かを当てるゲームの教材を考えた。

Scratchの初期の画面（ステージ）を図２に、実際の作成の様子を、図3に示す。ラオスの国旗を作成しているが、中の青地を２つ手作業で移動するので、少しずれている。ステージ上部にある青地がなくなっているのは、２つすでに使ったか

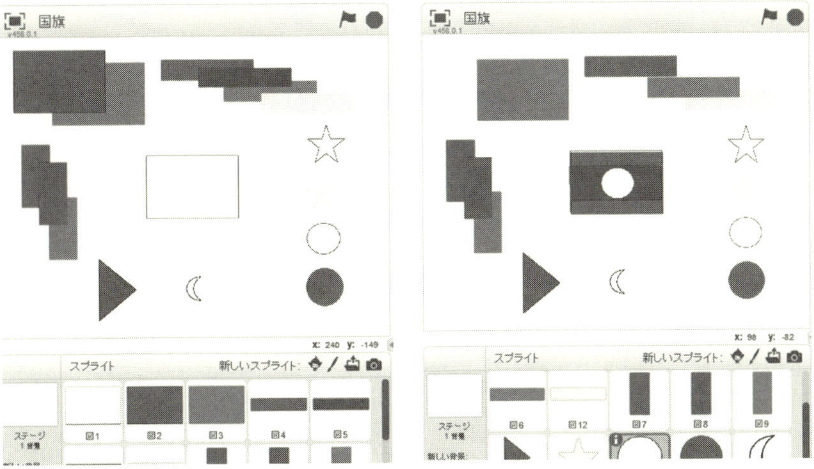

［図2］

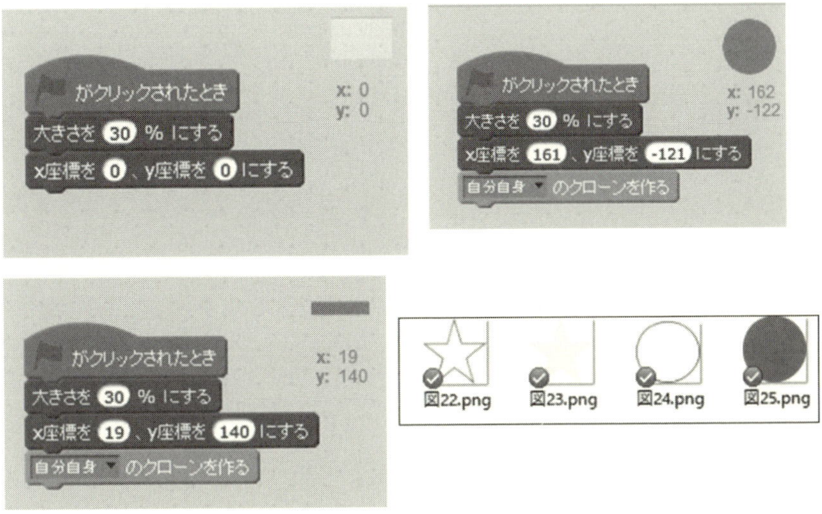

［図3］

らである。また、上方左の赤の下地が見えないのは、１つだけ用意したからである。白い円を最後に置くのは、子どもでもすぐに理解できるだろう。白い円がまだステージにまだ残っているのは、２つ用意しているからである。

次に教科のねらいについて述べる。始めは、1人で動かして国旗を作ると良いだろう。プログラム、つまりスクリプトも簡単でコピーもできるので、子どもでも作成できるだろう。クローンを作るブロックは説明しないで、後で必要だと気が付いて、スクリプトを修正させてもよい。さて、教科のねらいについては、簡単な指導案を以下のように書く。

読者の先生方の学校や学級の現状によって、工夫していただきたい。

「社会科指導案」

1. 国旗を見て、国を当てましょう（図1で、国名が入っていないワークシート）
2. ワークシートに国名を書く（一斉授業スタイル）
3. どのような特徴がありますか（国旗の特徴を知る）
4. 2人1組になってください、国旗を作ります
   ①1人は、国旗を作る手順を、相手に言ってください
   ただし、手順は予約語のみ使用できます
   ②相手は、その通り操作してください
5. 次の国旗は、2人で交代してやってみましょう

予約語は、以下の通りです。

色：赤、白、黄色、緑、青

形：円、長方形、三角形、星形、月形

向き：左、右、中央、上、下

縦横：縦長、横長

大きさ：大きな、小さな

順番：最初に、2番目に、3番目に、次に、最後に

形容：（　　）の（　　）

動作：（　　　）を選びます

（　　　）を、（　　　）に動かします

プログラム：　始めます、・・・・・、終わります

「英語指導案」

1. 今度は、それを英語でやってみましょう

色：red, white, yellow, green, blue

形：circle, rectangle, triangle, star, moon

向き：left, right, center, up, down

縦長の、横長の：vertically long, with longer side

大きさ：large, small

順番：at the first, at the second, at the third, at the next, at the last

形容：（　　）of（　　）

動作：Pick（　　）

Take （　　）to（　　）

プログラム：start,・・・・・,end

2．1人が英語で国旗を言って、相手はどの国か当てましょう

少し、解説しなければならない。何故、予約語かという理由である。この教材の予約語は、国旗に限って作ったプログラム言語のつもりである。Scratchでは、ブロックのことであるが、コンピュータに理解させるには、人間の言葉のように(自然言語)、膨大に作ることができないし、厳密に言葉に矛盾があってはいけない。このようにして限定して作った言語（人工言語）なので、人がこれらの限られた言語を使うのは、日本語をあまり知らない外国人と筆談するようなイメージだと思えばよい。そこで、予約語だけで相手に意思を伝えるのは難しいことも、理解させたいからである。完璧に正確に伝えることは、無理なこともあることも、理解させると良いだろう。人間の言葉は、いかに柔軟で融通があるかも、改めて知るだろう。

また、すべての部品を区別できなければならないが、論理的に考えなければならない。例えば、赤の四角形と指示しても、3種類ある。下地の大きな四角形、横長の四角形、縦長の四角形である。したがって、どの予約語を使って、どのように表現したらいいかは、国語の学習にもなるだろう。

難しいが、英語に挑戦することも、素晴らしい。英語の表現も限定されているので、覚えれば、英語表現にも役立つと思われる。ここでは、縦長と横長の表現が難しく、もっと簡単な英語が望ましいが、思いつかなかった。国旗もいくつかの部品からなっていて、その組み合わせだとすれば、プログラミングに近いことも、

興味深い。

2. プログラミングの特徴

図１に示した国の国旗を作るために必要な部品を、図２のように用意した。これらの部品はパワーポイントで作り、部品をjpgかpngで保存した。実は、この時点で気づいたが、写真や背景などはjpgが良いが、図の場合は、pngでないとうまく表示できない。理由は、図の部品で、★、○、△、☾などは、部品は□で表示されるので背景が残り、部品を移動させた時に、★ではなく★の入った□になるので、国旗を作ることができないのである。

さて、いずれにしても、このような部品を用意して、真ん中の白い四角形を用いて、国旗を作ることが実際の活動だが、教科の他にプログラミングのねらいがある。

１つは、どの順番で部品を置いたら正しく描けるかを、考えさせることである。図２の部品を見ると、重なっている部品間では、どの部品が先か後かの順序がわかる。適当に置けばよいというわけではない。

２つは、いくつかの工夫が必要という点である。例えば、ラオスの国旗では、中の青地が広いので、図２の部品ではできないのである。そこで、大きさを拡大するようなブロックを使うと、縦だけでなく横も長くなるので、はみ出すのである。そこで、青地を２つ重ねておけば、できることに気が付く。また、チェコの国旗も下地の赤が大きいので、これも２つ必要だということに気が付く。そこで、プログラム、つまりスクリプトの例は、図３のようになる。

大きさはすべて30%にした。画面（ステージ）の大きさのためである。部品の位置であるが、画面（ステージ）の始めに置きたい場所に置くと、座標が自動的に決まるので、その位置のブロックを、ドラッグして使う。スタートボタンを押すと、部品がいろいろな位置にあっても、この初期値に戻るので、便利である。また、クローンを作るブロックに注目していただきたい。このブロックで、2つ同じ部品が使えるので、いろいろな工夫ができる。下地を白にしたが、赤や緑の場合もある。その場合、複数の下地は必要ないので、クローンのブロックは使っていない。実際の操作は、マウスか指で移動させて国旗を作る。この教材では多くの部品があるが、ほとんどがすべて同じスクリプトであるので、コピー機能を使うと便利である。出来上がっている部品のスクリプトを、まだできていない部品、図２の下方にあるスプライトに、ドラッグすれば簡単にコピーできる。

なお、本書は白黒印刷なので、図のカラー識別ができないことは、お許しいただきたい。

10 国語　俳句クイズ

1. 教材のねらい

俳句について、筆者は素人であることを、音楽と同様に、始めに断っておかなければならない。近年、テレビで俳句を放映しているので視聴しているが、素人であっても、面白い。どうしてかと問われても、理由を明確に言えないのは、専門家でないからであるが、専門家の解説を聞くと、なるほど、そうか、と納得することが多い。その中で、イメージ、発想、語順などの用語が出てくる。

この教材は、専門家から見ればおかしいと思われるかもしれないが、2人ペアの俳句作りを考えた。このような教材や実践があるかどうか、筆者は知らないが、連歌という複数で歌を詠む方法もあるから、教育方法として検討しても良いかもしれない。図1は、その様子である。8の県名当てクイズと同じ発想なので、ス

[図1]

クリプトは、ほぼ同じであり問題はないが、教材としてのねらいが問題になる。

図1の背景は、筆者がハワイに行った時の写真である。紺碧の空の元で、若い学生たちは、歓声を上げ、子どものようにはしゃいでいた。学生の引率で来た私も、空を飛びたいような心境だった。空の青、海の青、芝生の緑、すべてが原色の世界の中に、溶け込むような気持ちだった。俳句には、たぶんこのようなイメージが重要で、それには写真が適している。テレビでも、お題として写真を見せて、俳句を作らせる。その時の情景に自分を重ねるのである。ここでは、2人ペアである。たぶん、相手は自分と同じ発想ではないだろう。ハワイでは、誰も開放感に浸るが、その浸り方は人それぞれである。冷静に見る目を持つ人も、無条件に中に入り込む人もいるだろう。この教材は、そのような違った目で見た2人が一緒に作ることで、自分たちの考えを披露し、感じ方、見方、発想などの違いを、相手から学ぶことができるかもしれない、というねらいである。

また、語順についても、逆にその意味や重要性を知ることになるのではないだろうか。このように考えると、2人ペアの俳句作りも意味がありそうである。もちろん、このようなプログラミングをしなくても、スクリーンに写真を映して、俳句を作ることもできるだろう。もし、2人に1台のPCがあって、ペアで俳句作りができるなら、スクリーンに映った写真を見て俳句作りをするよりも、別の意味で効果が上がるだろう。一言で言えば相手の存在感を受ける距離なので、相手を知る、自分を知る、振り返る、ことが直接的である。

したがって、この教材では、2人がペアになって、作る前に、作りながら、作った後で、話し合う活動が大切である。2人の前にPCがあって、自分たちでプログラムを作り、そのプログラムで、俳句を作ることは、これまでに経験したことはないだろう。別の世界を体験することになる。

図２は、別の写真の例である。背景は、いくらでも変えられる。子どもが撮った写真でも、どこかに行った写真でも、容易に背景として取り込むことができる。図2は、筆者がシンガポールに行った時の写真であるが、子どもたちは、いろいろな感じ方をするだろう。その時の感じ方を、いかに表現でき、いかに相手に伝えるかが、この教材のねらいである。

［図2］

2. プログラミングの特徴

プログラミングとしては、「⑧社会　県名クイズ」とほとんど同じなので、解説することは少ないが、ポイントだけ述べよう。

始めに、ネコ役の子どもと、ペンギン役の子どもに分ける。図２のように、始めに、ネコ役の子どもがスタートボタンを押すと、ネコが「最初の５の言葉を、どうぞ。」と言うので、ペンギン役の子どもが下の欄に、発句を書く。書くと、それが図１のように、ステージの左にある俳句リストとして表示される。次に、ペンギンが、「今度は、７の言葉をどうぞ。」と言うので、ネコ役の子どもが、下の欄に書く。それが、俳句リストとして表示される。そして、ネコが「最後の５の句をどうぞ。」と言うので、ペンギン役の子どもが、書いて、それが俳句リストとして表示されて、終了である。もう一度する時は、スタートボタンを押して繰り返せばよい。プログラム的には、「もう一度やりますか」と聞いたほうが自然だが、簡単にするために、このようなプログラムにした。

プログラム、つまりスクリプトは、ネコとペンギンに、それぞれ書く必要があるが、その例を、図３と図４に示す。

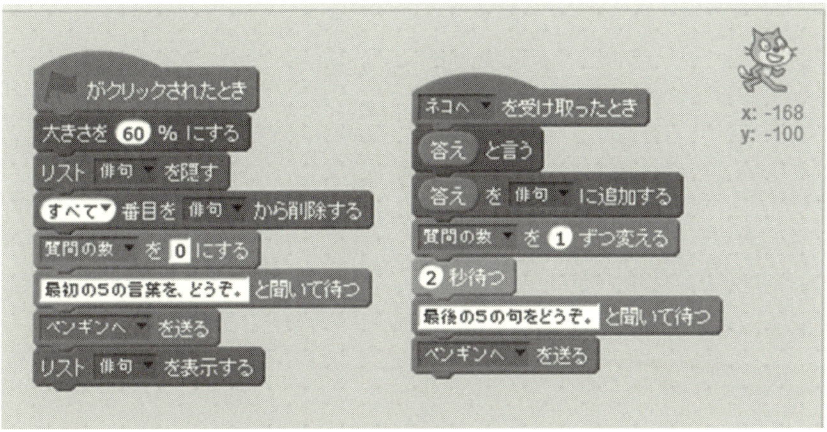

［図3］

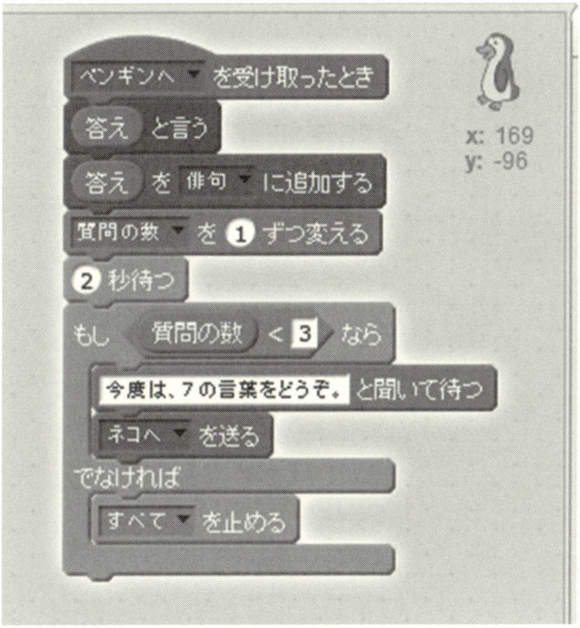

［図4］

図３は、ネコのスクリプトであるが、スタートボタンを押した後は、初期値の設定であることは、すぐに理解されよう。

この場合、質問の数、最初の５か、次の７か、最後の５かを区別するための、1から3の数字は、俳句リストの何番目に格納されているかを、識別するために必要である。

「最初の５の言葉を、どうぞ。」と図２のように、ネコが言って、ペンギンにメッセージを送る。ペンギンのスクリプトは、図４であるが、ネコからメッセージを受け取ったら、答えを書く。これが、ステージの下方にある答えを書く欄であり、その言葉が、答えという変数に格納され、それが、俳句リストに格納される。質問の数は、それが何番目かを識別する変数である。ペンギンは、1番目の５の句と3番目の５の句を言うが、1番目の句の次に、ネコに、「今度は、７の言葉をどうぞ。」と、ペンギンが催促しなければならない。その区別をするために、質問の数＜３でも、＜２でも、＝１でもいいが、ここでは図４のように条件文を書いた。次に、ネコにメッセージを送る。

ネコは、メッセージを受け取って、図３の右のスクリプトのように、7の句を書いて、答えの変数に格納され、それが2番目の値として、俳句リストに追加される。「最後の５の句をどうぞ。」と言って、ペンギンにメッセージを送る。ペンギンは、３番目の句を書いたら、質問の数が３になるので終了する、という仕組みは、８社会の県名当てクイズの情報のやり取りと同じである。

11 国語　言葉ゲーム

1. 教材のねらい

五七五作文という授業技法があることを、出典は分からないが、文献で知った。子どもたちは、始めは、五七五と指を使って数えているが、リズムがあって、ある程度練習すると、そのリズムに合わせると、すぐに五七五の口調で答えられるようになる。このリズムを知ると、国語の授業が楽しくなるという、実践の知恵だった。実際に効果があるかを、いろいろな技法も含めて、教育学部の教育方法論の授業で紹介したら、好評だったので、これをプログラミングすることを思いついた。

この教材では、即座に答える練習が大切である。ただし、この教材では、その答え方を自分の映像を見ながら確認することで、単に口調だけでなく、内容も良くしたいねらいがある。実際の場面を、図１に示す。

[図1]

この教材では、ネコの質問に応じて、カメラ付きのタブレットやPCの前で、子どもが答えるという方法である。図1のように、ネコが問いを出して、画面（ステージ）に映った自分の姿を見ながら答えるが、五七五の口調でリズミカルに答える。始めは、なかなか思いつかないが、練習するとすぐに出てくる。

例えば、筆者の考えた例では、以下の通りである。

① 食べ物で何が好きですか。「焼きそばと　コロッケピーマン　混ぜご飯」
② それは何故ですか。「安いこと　いつでもどこでも　食べられる」
③ 人生で大切にしている格言は何ですか。「誠実に　いつも笑顔で　真剣に」
④ それは、何かきっかけがありますか。「なんとなく　小さいときから　感じてた」
⑤ どんな仕事に就きたいですか。「もうすでに　教師の仕事を　やっている」
⑥ それは、何故ですか。「学校と　勉強するのが　好きだから」
⑦ もし失敗したら、どうしますか。「厳しいと　思うけれども　来年も」
⑧ どんな教師になりたいですか。「明るくて　厳しいけれども　愛がある」

教育学部なので、学生たちは小学校教員を目指しているので、上記のようなサンプルを私が示して、隣同士で練習させると、すぐに口調を覚えて授業が盛り上がった。何でも、問いと答えのようなクイズ形式や、良かったら「いいね」のメッセージなどを送ると、授業が活性化する。この教材では、2人ペアで実施すると良いだろう。授業では、拍手と笑い声が自然におきた。その時、授業は楽しくなければ、誰もついてこないという、当たり前の知恵を学んだ。

何故、映像なのか、という声が聞こえそうである。いろいろな研究では、自分の姿や映像を見るだけで、学習効果がある。例えば、英語のスピーキングでは、スマホなどで自分の録画を見るだけで、かなり改善される（例えば小林輝美、2017年）。この教材は、録画を見て振り返るわけではないので、少し異なるが、リアルタイムに自分の言葉を聞く経験はあまりないので、新鮮に感じることは、確かであろう。自分の姿を見るだけで、誰でも向上心が起きるので、この教材は、その効果を期待している。

ただし、小林（2017年）の研究では、自分の映像を他人に見られることに、恥ずかしさと抵抗感があると言う。この文献では、大学生だったので、小学生に、同じ気持ちが起きるかどうかは、わからない。この教材で、実践してみる価値はあるだろう。

2. プログラミングの特徴

この教材のプログラム、つまりスクリプトは、２つからなっている。１つは、図２に示すように、初期値の設定と、最初の質問である。

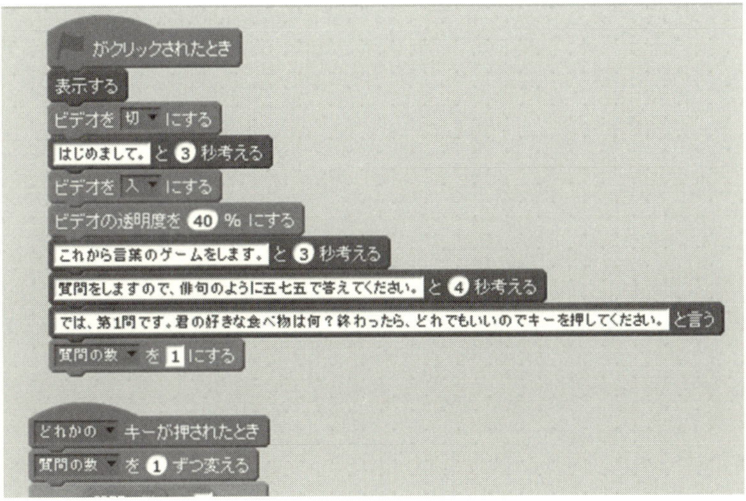

［図2］

初期値の設定については、図２を見れば、理解できると思われるが、「表示する」ブロックは、最後に、ネコもすべて消すようにしているからである。ビデオを切る、としたのは、いきなり自分の映像が画面（ステージ）に映ると驚くので、切っておいて、「はじめまして」と3秒言ってから、ビデオをオンにして、自分の映像がステージに現れるようにした。透明度は0％でも50％でも構わない。周囲と色の違いを薄くしたければ、透明度を上げればよく、きっちりと明瞭にしたければ、0％でよい。五七五を言い終わったら、キーを押して次に進むようにしている。質問の数を数えて、それをステージに表示している。

初期値については、いろいろな設定もできるので、読者の皆さんが工夫される

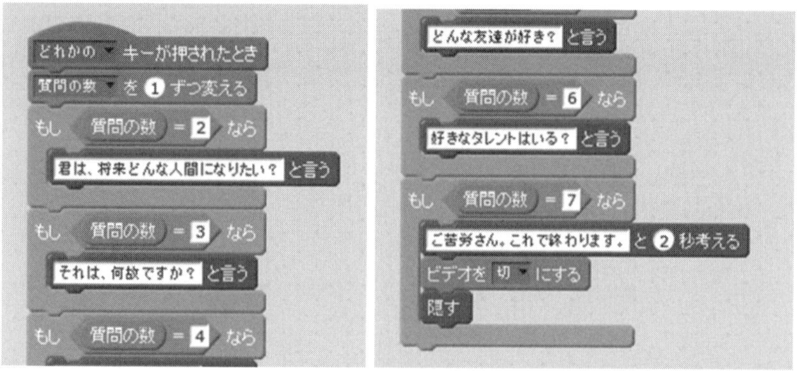

［図3］

と良いだろう。2番目のスクリプトを、図３に示す。

図３では、どれかのキーが押されたら、質問の数を１ずつ変えるので、最初は２となる。２の質問を表示し、以下６まで質問を用意した。なお、質問の数は、「データ」カテゴリーで、変数を作るボタンで、設定する。

質問の数が６で答えたら、どれかのキーを押すので、図３のブロックで、質問の数は７になる。質問の数が７になった時点で、ビデオも切って、ネコも隠すことで、終了となる。これまでに出てきたブロックが多いので、この教材のスクリプトは容易に理解できると思われる。

12 国語 ストーリー作り

1. 教材のねらい

この教材は、好きなストーリーを作る課題で、国語や創作活動では定番と言える。その方法は、Scratchに用意されているライブラリーから背景を選んで、ネコのスプライトに散歩させるという単純なストーリーである。図 1 に教材のイメージを示す。

[図1]

上記のように、始めに、ネコがベンチのある風景を散歩する。途中で、いい天気だな、とか、もっと先まで行ってみよう、などと言う。そして、通り過ぎると、お城が見える風景に変わり、ネコは、そのお城に向かって歩いていく。そこでも、大きな家が見えてきた、中に入ってみよう、などと言う。そこで、中に入ると、ベッドの部屋に変わる。ここでも、いろいろな感想を述べて、外に出てみよう、と言って、外に出ると、広い広場の背景に変わる。このように、この教材は、4つの背景を変えてネコが探索するストーリーであり、筆者がサンプルとして作った。

たぶん、子どもたちは、いろいろな夢を持って探索したくなるので、子ども向けの教材としては好評だと予想される。Scratchには、多くの興味ある風景がライブラリー化されているので、これを活用すると好都合だろう。どうしても、自分たちの作った背景を用いて、物語を作りたい場合は、デジタルカメラ写真を取り込むか、スキャナーで読み取るなどの方法でjpgにして用いることになる。問題は、スクリプトであるが、1つのスクリプトを作れば、背景が違ってもほぼ同じなので、コピーして使うことができるので、簡単である。

2. プログラミングの特徴

背景ごとに4つのスクリプトからできているが、図2に、始めの2つを示す。スタートボタンがクリックされると、ネコを表示し、背景を図1のようなベンチのある風景とするが、この背景名はScratchが付けているので、選べばよい。歩かせたい始めの位置にネコを置くと、自動的にX座標とY座標が決まるので、そのまま使えばよい。10歩動かすブロックは、水平の右方向、つまりX軸の＋方向に動く。座標は、画面（ステージ）の中心がX座標もY座標も0で、X軸、つまり水平方向は、中心から左右に240ずつ、Y軸、つまり垂直方向は、中心から上下180ずつである。

0.2秒待ってコスチュームを変えるのは、右足と左足を交互に出して歩く仕草を、0.2秒の間を置くことで、ゆっくり歩いて見える。そうでないと、すぐに見えなくなってしまう。X座標が－90は、画面（ステージ）上でこの位置にきたら、セリフを言う、さらに、X座標が＋70に来たら、別のセリフを言う、さらにX座標が＋200に来たら、ネコを隠して背景を変え、このスクリプトを止めて、別のスクリ

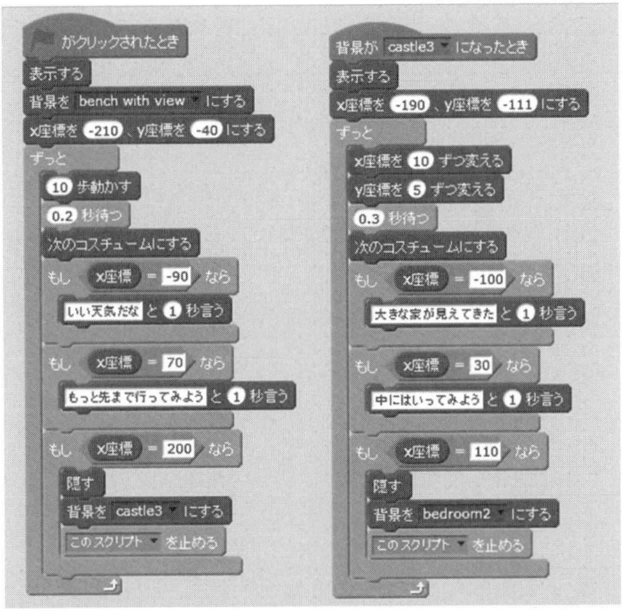
がクリックされたとき
表示する
背景を bench with view にする
x座標を -210 、y座標を -40 にする
ずっと
10 歩動かす
0.2 秒待つ
次のコスチュームにする
もし x座標 = -90 なら
いい天気だな と 1 秒言う
もし x座標 = 70 なら
もっと先まで行ってみよう と 1 秒言う
もし x座標 = 200 なら
隠す
背景を castle3 にする
このスクリプト を止める
背景が castle3 になったとき
表示する
x座標を -190 、y座標を -111 にする
ずっと
x座標を 10 ずつ変える
y座標を 5 ずつ変える
0.3 秒待つ
次のコスチュームにする
もし x座標 = -100 なら
大きな家が見えてきた と 1 秒言う
もし x座標 = 30 なら
中にはいってみよう と 1 秒言う
もし x座標 = 110 なら
隠す
背景を bedroom2 にする
このスクリプト を止める

[図2]

プトに移る。画面（ステージ）の中心のX座標は0で、端は－240と＋240なので、およその位置はわかるだろう。ただし、1つだけ注意したい。ネコが10歩ずつ動き、初めのネコのX座標が、この場合は-210なので、X座標が-90に来た時、ネコはセリフを言う。しかし、-95や-93などのように、10の倍数でない場合は通りすぎてしまうので、セリフは言わない。これも、子どもたちが失敗しながら気付けば素晴らしい学習になるだろう。

図２の右のスクリプトで、背景が変わったので、このスクリプトが実行されて、表示するブロックは、隠したネコを表示する意味である。X座標を10、Y座標を5ずつ変えるブロックは、ネコを斜めに移動させたいからである。図1を見ればわかるように、お城に向かう道が斜めになっている。X座標の位置によって、セリフを言ったり、背景を変えたりしているが、考え方は、前のスクリプトと同じである。

さらに、2つの背景である、ベッドの部屋を歩く、広場に出て歩く、なども同じスクリプトでできるので、ここでは省略する。以上で、子どもたちに、自由に作品を作らせたい。

13 理科　空気の圧力

1. 教材のねらい

シンガポールはICT教育の先進国として、良く知られているが、そのチーハー小学校の授業を、興味深く参観したことがあった。図１は、その光景である。子どもたちは、算数の問題を、まるで教師のように、自分自身に教えて説明しなさい、という方法だった。そのために、子どもたちは、マイクとイヤホーンをつけて、話しながら問題を解いている。その解く過程は、録音されていて、自分の録音を聞きながら振り返ると、自分自身の誤りに気付くというメタ認知を促す授業だった。自分で気付くことが、深く理解することになるという研究成果に基づく授業だったが、それは確かに効果があると思われた。

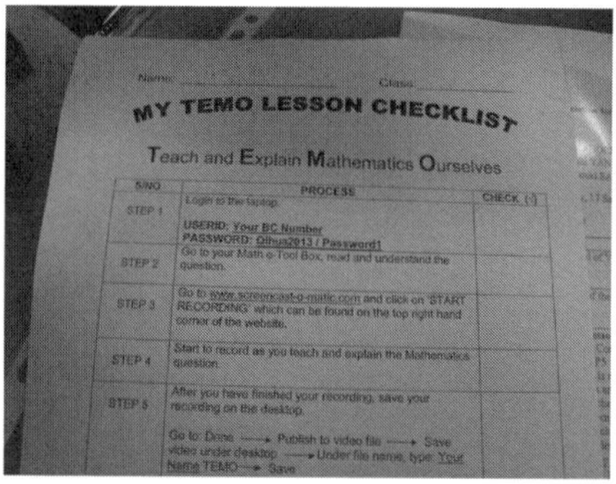

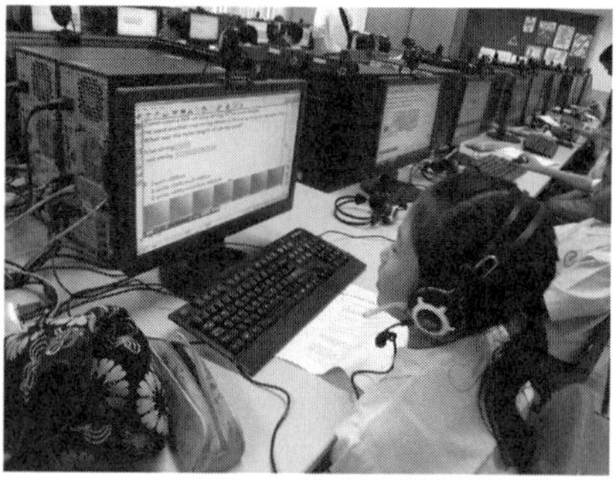

［図1］

ただし、自分で誤りに気付くには、振り返りが重要な役割を果たすことは言うまでもないが、時間がかかる。そこで、協同学習によって、いろいろな見方考え方を出し合うほうが、気付きやすいのではないかと考えて、このプログラミング教材を作成した。

図２を見ていただきたい。空気を押す力の問題で、間違えやすい問題例である。この問題について、グループを作り、それぞれの意見を録音する。図３の右図にあるように、スクリプトエリアの上部にある音タブにある、マイクアイコンをクリックすると、録音することができる。図３右は、その録音1から録音５までを示し

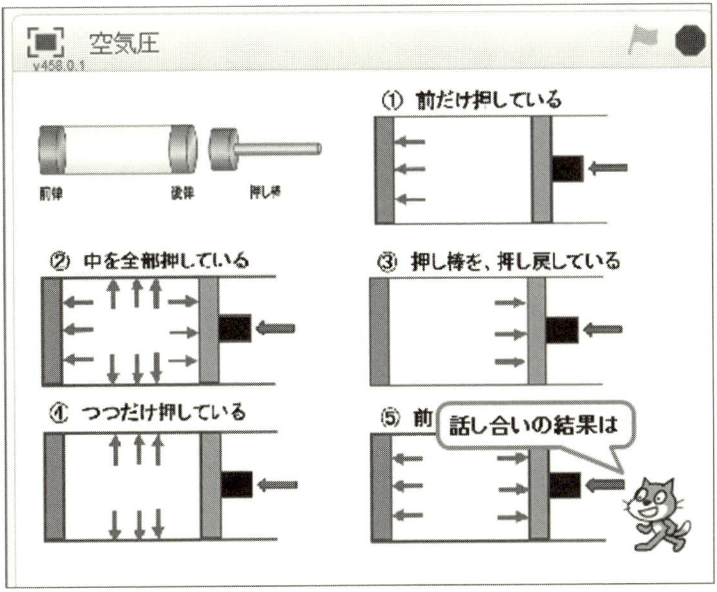

［図2］

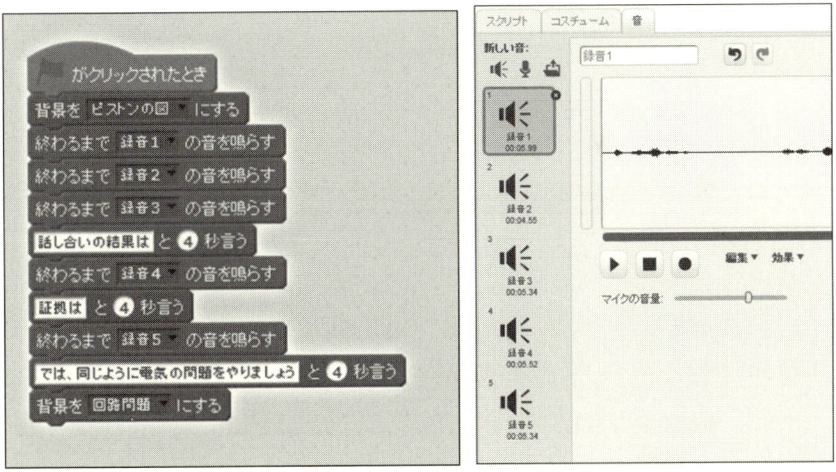

［図3］

ているが、それは、例えば、以下のような音声である。

録音１では、「答えは、１だと思います。押す方向と壁を押す方向が同じだからです」などのように、子どもたちの始めの意見を、録音する。ここでは、録音１から録音３までとした。この場合、グループで、答えが１の意見、２の意見などで、録音を決めてもよい。さて、録音４と録音5は何だろうか。図３の左のスクリプトをご覧いただきたい。簡単なスクリプトなので、すぐに理解されるだろう。背景は、2種類用意していて、始めは、ピストンの図を背景にしている。録音1から録音３までは、グループ全体の意見ではなく、異なった意見を録音している。そして、図２のように、話し合いの結果は？とネコが聞く。この時点で、スタートボタンをクリックして、自分たちの考えを振り返るのである。ここが、先のシンガポールの音声を振り返る、という教材の意図を反映している。

そこで、もう一度聞き返すが、場合によって何度も聞き返して、その結果を、録音４として保存する。さらに、ここでは、何か証拠はありますか？という問いを出した。思うとか考えるとかだけでは、科学にならない。理由やデータや証拠がなければ、人に説得できないからである。このピストンの例では、２のすべての面を押している答えが正解であるが、例えば、風船を膨らますときは、丸く膨らむなどの答えがあるだろう。その答えを、録音５として、保存する。この教材は、空気圧の単元で、使えるかもしれない。子どもたちに、ワークシートを配布して、図３のスクリプトを作り、全員の前で、各グループが発表してもいいだろう。

図３のスクリプトでは、では、同じように電気の問題をやりましょう、の提示があるが、これは、次の教材として扱う。ただし、この方法で、いろいろな教材を背景として用意すれば、同じ教材が作れる。

14 理科 電気

1. 教材のねらい

先の「⑬理科　空気の圧力」の教材で、さらに別の問題をやってみようと、スクリプトに示したが、それが、この電気回路の問題である。この場合、電気回路の基礎は学習済みとし、その応用と捉えていただきたい。

図1に示しているのは電気回路の問題で、これは難問である。大学生でも間違いやすいことが知られている。①や②は、誤答とすぐにわかるが、③と④が間違いやすい。正解は、③であるが、④も説得力がある。電球で電気が消費されるので、その分、帰りの電流は小さくなるという考えは、自然だからである。これが誤りであることを実証することは容易ではないだろう。だから、前の理科空気圧の問題と同様に、その証拠は？という問いは、かなり難しい。実証するとすれば、

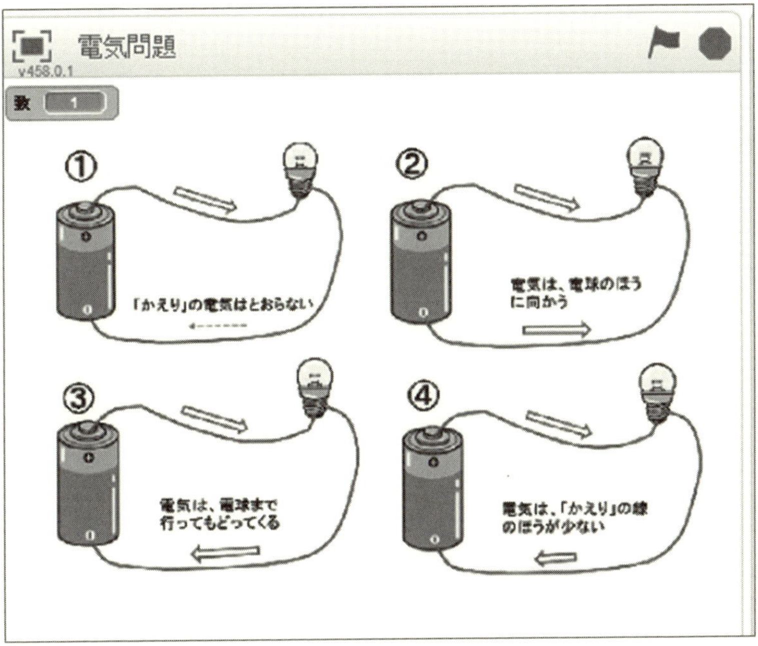

［図1］

行きと帰りの回路に、電流計を入れて測定すればいいが、微妙な違いなので測定できないなどの反論が出てくれば、さらに面白いだろう。

それでは、もう一度、自分たちの意見を振り返ってみようと言って、各自の意見を録音して、振り返ることも、興味深い活動になるだろう。なぜなら、これまでそのような録音して振り返るという経験は、ほとんどないからである。このような活動を通して、科学的な見方考え方ができれば、この教材は効果的である。スクリプトは簡単なので、子どもたちは、すぐに作れるだろう。

蛇足ながら、③が正解だが、長く使っていると乾電池の電圧が下がってきて、電流が少しずつ小さくなるので、このことを④と混同している子どもたちが多いのである。

もう少し考えてみよう。子どもが、電気をどのようにとらえているか、どのようなイメージを持っているかが重要で、理科の電気の単元では、水流モデルがよく使われる。図2は、水流モデル（りかちゃんのサブノート、2018年）を元に、筆者が改変した図である。

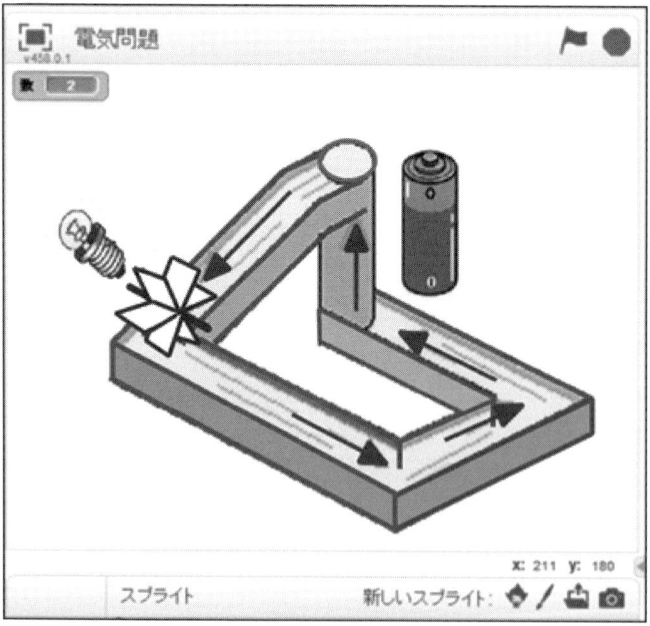

［図2］

図2に示すように、電池は、水を持ち上げるポンプ、＋から－に流れるのは、高い位置から低い位置に水が流れること、電球つまり抵抗は羽根車で、水の抵抗を受けながら羽根車が回って、エネルギーを使う。流れる水の量は、行きと帰りで同じだが、ポンプを長い間使うと、馬力が弱くなり、水量が減る、というイメージを、子どもたちが持てば、科学的な概念が身に付いた、と言える。この時、水量は羽根車のところで、無くなることはない。したがって、どのように、頭の中で、現象をとらえているかである。行きと帰りで電気の量が減るという考えは、消費すると、物は少なくなっていく、という日常経験から来ている。

この日常体験から得られた知識、暗黙知を、科学的な知識に変換しなければならないが、教えても、覚えても、テストで正解しても意味がない。子どもが、そうだ、その通りだと、納得しなければ、知識にならない。そのためには、話し合ったり、実験をしたり、確かめたり、という活動が必要である。

そこで、実験や議論や証拠を挙げて、正解にたどり着くのであるが、いかに納得するかが重要で、特に理科は、納得の科学と呼んでもいいくらい、論理的であることを要求する教科である。

この教材では、もう一つ課題を設定した。それが、図3である。家庭のタコ足コンセントは、発熱して危険だということは、日常生活で知っているが、なぜかと問われると、答えることができない子どもが多い。子どもだけでなく、高校生も大学生もよく間違える問題である。高校生を対象にした調査では、正解率35％という難問であった。

テストでは、その原因は、直列だから、並列だから、という選択問題であったが、直列を選ぶ生徒が多かった。正解は、並列である。電気機器が、もし直列に接続されていたら、どれか１つのスイッチを切れば、他のすべての電気機器は働かないので、現実的にあり得ないことはすぐにわかるが、図３を見て、そのようにイメージしたのであろう。並列なので、すべての電気機器に、100ボルトの電圧がかかり、そして、元のコンセントには、それぞれの電気機器に流れる電流の総和が流れるので、大電流になって、コンセントが発熱して危険になる。ある一定以上の電流が流れると、切れるようにする仕組みが、ヒューズであるが、そのような考えは、どこから来るのであろうか。

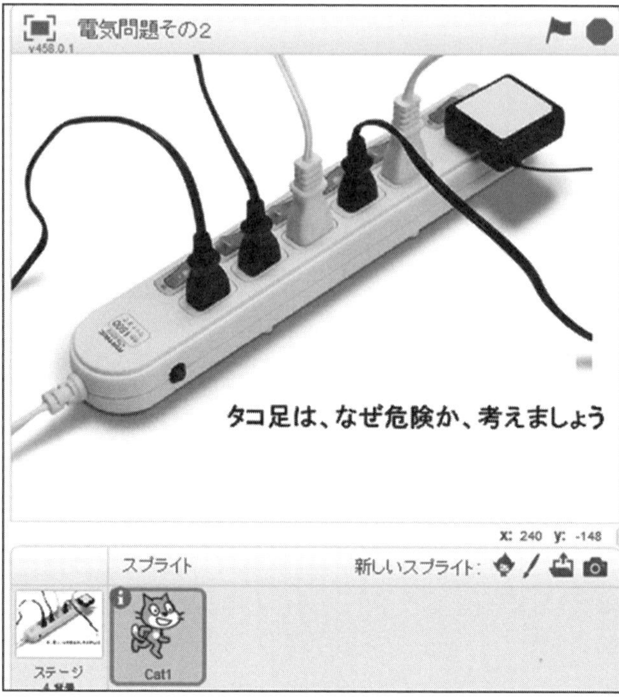

［図3］

それは、図２の水流モデルである。並列であれば、元の線から、それぞれに分かれて水が分配して流れていくので、それが集まれば、また元の水量に戻ることは、すぐに理解される。その“理解される”とは、先に述べた、そのとおりだ、と納得することである。このように考えると、現実にはあり得ないことも、暗黙知によって判断するので、誤った概念を持つことになる。それには、どのようなイメージでとらえるかである。

2. プログラミングの特徴

これは、プログラミングを解説するほどの内容ではないが、簡単に述べておこう。この教材は、いかに背景を活用するかである。

図４のように、ここでは、５つの背景を用意した。学習を始める時の背景、図１の回路を流れる電気の問題の背景、図2の水流モデルの背景、図３のタコ足コン

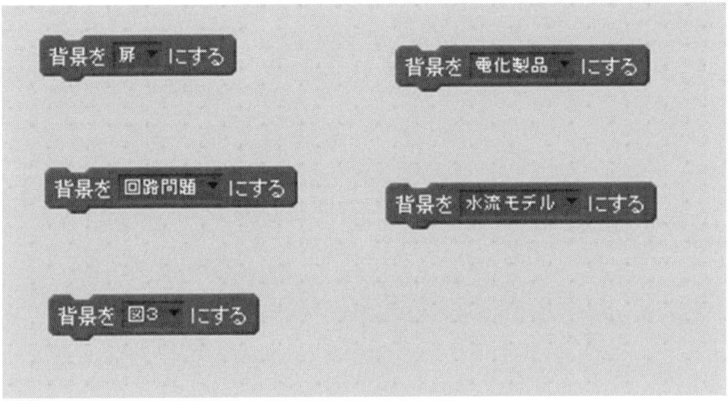

[図4]

セントの背景、などである。その他にも、使えそうな背景を用意している。

この単元では、2つの課題を用意した。そのいずれも、子どもがどのようなイメージを持っているか、どのように、現象をとらえているかが、重要だと指摘した。この教材では、図4のように、適当にブロックを置いて、クリックすると、その背景だけが、ステージに表示される。プログラミングスキルを重視しなければ、これでも良いだろう。それは、プレゼンテーションツールでもできる教材である。順番も関係なく、押せば表示されるのは、便利であろう。ただし、プログラミングスキルから見れば、ブロックの表示だけでは、構造化されていないので、プログラムになっていない。

そこで例えば、図5のようなスクリプトもいいだろう。次の背景を表示する順序を、簡単にするために、なんでも良いのでキーを押すと、次の背景が表示されるようにしている。数という変数は、「データ」カテゴリーに「変数を作る」ボタンがあるので、数という簡単な変数を作り、どれかキーを押すごとに、数が1ずつ増えるので、その数の値によって、条件文で、背景を変えている。

これは、次のような授業を想定しているからである。始めに、図1の回路を流れる電流の問題を出す。グループ活動がいいだろう。これは難問なので、いろいろな意見が出るだろう。その時、水流モデルの図を使ってもいいのか、使わないほうがいいのか、それは学校の事情による。もし使わないのであれば、削除してもよい。小学生には難しそうな図かもしれない。そして、タコ足コンセントの問題

［図5］

を解く。これも、難しい問題なので、議論が多く出るだろう。いろいろなコンセントの背景や電化製品の背景も、用意しているが、使ってもいいし、使わなくてもよい。そして、子どもたちのグループ発表では、図５のようにスクリプトを作り、キーを押して次に進むという発表をすれば、興味深い授業になるだろう。

この教材では、２つの課題を用意したが、授業によっては1時間で１つの課題で十分かもしれない。家庭の電気の問題は、交流なので、少し高度な内容になっている

15 理科 月の見え方

1. 教材のねらい

図１をご覧いただきたい。半月がちょうど真南に見えている。この月は、何時ごろ見えたのか、また月が見えなくなる時刻は、何時ごろだろうか、という問題で、第2章でも述べたように、大学生であっても正答率が50％以下という難問である。

［図1］

なぜ、難問なのだろうか、考えてみよう。いろいろな原因があるが、基本的な知識に欠けていること、理解していないことによると言えるだろう。まず、月でも太陽でも星でも、北半球に住む我々には、東から昇って南を通り、西に沈むという事実である。星は恒星というので動かないし、太陽も恒星の１つなので、天球のどこかに貼り付いていて動かない。動くのは地球の方だということになり、地球の自転が理解できる。だから、地球の自転の方向は、東から西向きではなく、逆方向に回っていることもわかる。このように、人々は天体を観測しながら、知識を得てきた。

難しいのは、半月の見え方である。これも、月は太陽の光を反射して見えるということ、太陽が当たっている側が光る、という当たり前の事実である。だから、図１では、右側、つまり西に太陽があって、その光で照らされて反射して見えている。少なくとも、太陽が西に沈むくらいの時刻であって、朝6時ごろとか、お昼12時ごろという回答は考えられないが、現実は、そのような回答も多かった。このように考えてみると、すべて常識的な当たり前のことを根拠にしているにも関わらず、大学生の正答率がきわめて低いのは、信じがたいであろう。ただし、何時ごろという設問に答えるには、少し知識が必要である。

見え方は、太陽の月に当たる角度に依存するので、真正面、つまり月に向かっている人の反対側から光が当たっていれば、満月、月の後ろに太陽があって光が当たっていれば、真っ暗で新月、その間が半月だろうという推測ができる。図１の場合は、半月、つまり半分しか光っていないので、地球と太陽の角度は90度ということになる。一周360度の4等分は90度なので、1日24時間を4等分すれば90度は6時間に相当し、図１は夕方の6時ごろで、ちょうど西に沈む時刻だろうと推測できる。

さらに、この月が動くのは、地球の自転のせいなので、1日24時間で1周する、つまり6時間後には、月が西に沈む、つまり見えなくなる。したがって、現在の時刻の午後6時に、6時間を足して、午後12時、つまり真夜中になる。

このように、この問題には、いくつかの基本的な知識、事実が含まれていて、それらをつなぎ合わせて、問題を解くことになる。したがって、この教材で重要な考えは、いかに基本的な考え、知識をつなぎあわせるかにある。

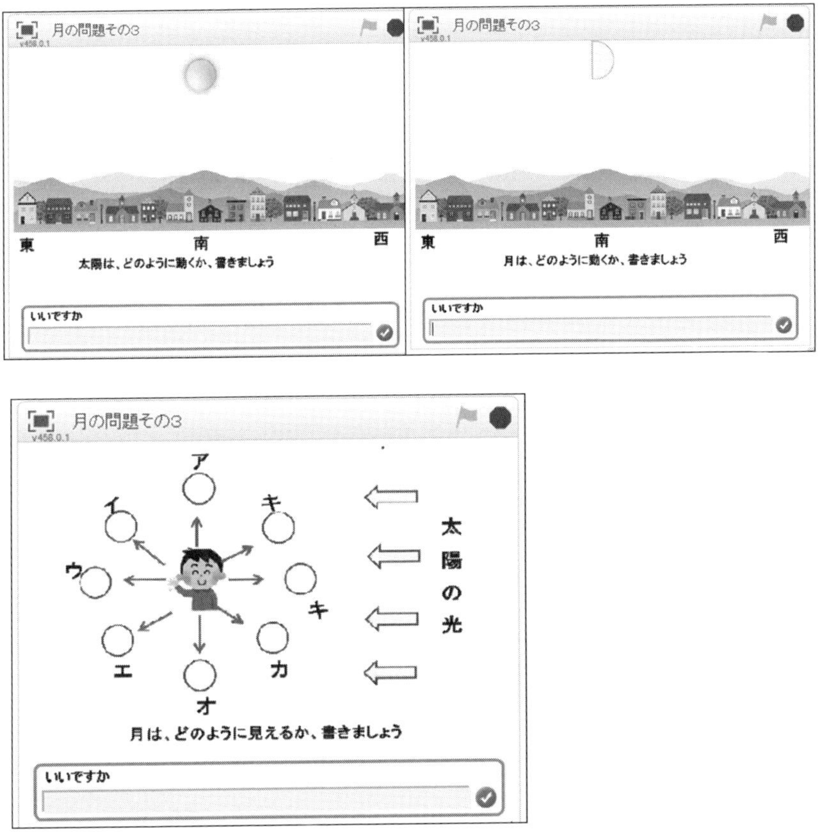

［図2］

そこで、以上の基本的な考え方を、教材の背景として取り入れた。図2は、その背景の図である。太陽の動き方、月の動き方、太陽と月の位置による月の形、であるが、実際には、ワークシートに書き入れるとよい。プログラミングとしては、このような教材をどう扱えばよいのだろうか、ここがポイントになる。ワークシートがあれば十分ではないか、という意見が聞かれそうである。ここの教材のねらいは、それを、個人でもグループでもいいので、発表することに意味を見出している。

表面的な発表という意味ではない。先に述べたように、図１の問いに答えるには、A地球が自転している、Bそのため太陽も月も、北半球側では東から登って南を通り、西に沈む、C月の光っている側は、太陽からの光を受けて光っているので、太陽がある側である。Dその光る形は、地球、太陽、月の間の角度で決まる、などであるが、これらを、どのようにつなぐか、である。それは、プログラミングの考え方と同じである。

プログラミングでは、いくつかのまとまりに分ける、それを組み合わせる、という仕組みでできている。組み合わせの仕方に、繰り返しや条件による分岐や順次などがあるが、本質は、物事を、分けて、組み合わせることにある。算数の文章題でも、何が含まれていて、それらがどのような関係になっていて、どのように組み合せば解けるか、という手順になることは、第3章のフィンランドメッソドで紹介した。第2章で示したように、情報の流れ図の問題と、理科・数学の問題には、相関がある。共通していることは、分けて、組み合わせることなので、相関があったのであろう。その要因を探り出し、それらを組み合わせることが、学習である。したがって、教師が、先のAからDについて、子どもたちに質問をして、最後に解に導くのは、プログラミングの趣旨に合わない。理科でも合わないであろう。したがって、この教材では、先のAからDの内容、つまり図２の背景を使い、それらを組み合わせ、図1の課題に、子どもたち自身が答えることが、ねらいである。

間違えてもいいので、どのように要因を探っているのか、どのように関連付けているのか、その考え方が重要である。

2. プログラミングの特徴

ここでは、簡単なプログラム、つまりスクリプトを書いた。この流れで、論旨を組み立てるのであるが、次の背景に行くときには、簡単な方法がよい。プログラミング的には、「⑭理科　電気」の教材のように、変数を作って条件文で振り分けるほうが自然だが、ここでは変数や条件文を使わないで簡単にしたいので、図３のようなスクリプトにした。図２のように、いいですか、と聞いてくるが、リターン（Enter）キーを押せば、次に進むので、簡単

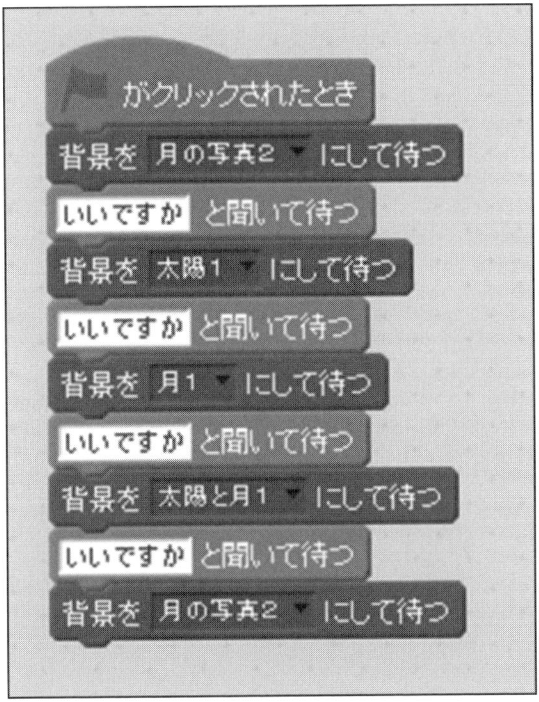

［図3］

である。ただし、図２に見られるように、ステージの下段にメッセージが表示されるので、背景が大きいと隠れてしまう。その場合は、背景をビットマップからベクターモードにして、選択ボタンで、拡大縮小するとよい。なお、この教材は、図２のように、スプライトは消して、背景に直接にスクリプトを書いた。また、図１は、なるべく現実感を出したかったので、半月の写真と町の風景のイラストを組み合わせて、作成した。また図２は、北九州市教育センター（2017年）を参考にした。

16 総合的な学習・特別活動　面接練習

1. 教材のねらい

図１をご覧いただきたい。面接練習のイメージがすぐにわかるだろう。国語の言葉ゲームでもビデオを用いたが、この面接練習でも、ビデオを用いる。図1は筆者の例で恐縮であるが、このようにネコが面接官で、こちらが面接を受ける側と状況設定している。ネコが、「これから面接練習をするが、答えたら、何かキーを押してください」と話しているが、実際にやってみると、意外と効果がある。

［図1］

誰でも人前で話したり、面接を受けたりする時は、緊張する。緊張するから、思っていることが言えない。それが中学生以上になると、他人の前で自分の姿を見られることに、恥ずかしさが生じるので、ビデオ練習なども難しい。極度に緊張する学生の面接練習を指導したことがある。大学生であったが、就職試験を控えて、本人もなんとか治したいと思っても、緊張するのは性格的なものなので、困った。まして、面接官に、この人は緊張しているな、と思われると、ますます緊張する。

私は、その学生に、鏡を見て練習したらどうか、とアドバイスしたことがあった。練習のかいがあってか、奇跡的に緊張することはなくなり、無事に就職試験をパスした。自分で、自分の話す姿を見て、修正することは、かなり効果的な方法ではないか、と思ったのである。

この教材は、総合的な学習の時間で行うのが適切と思うが、特別活動などの別の時間でも良いだろう。自分の姿を見ながら、自分を修正していく、そこに新鮮さがある。

研究的にはどのような知見があるか、筆者はまだ知らないが、ネコのスプライトが面接官になって、人間が答えるという、イラストと生身の人の対話は、どのような効果をもたらすのか、きわめて興味深い。誰でも、面接練習をする時には、自分が面接官の役もしながら、自分で答える、という方法を経験したことがあるだろう。その意味では、このような方法も、実践的な方法として、評価していいのではないか。研究する価値もあるだろう。新しい方法なので、今後、いろいろな活用も考えられる。面接練習だけでなく、コミュニケーションが苦手な人のためのスキル、話し方のスキル、人を説得するスキル、など、ネコにいろいろな問いを出させて練習することも、興味深い。

2. プログラミングの特徴

図２のように、スクリプトは、２つからなる。初期値の設定と、質問のスクリプトである。

初期値は、ビデオを「入り」にすることで、画面（ステージ）に自分の姿が映る。PCのカメラ位置が高いので、目線が合わないが、仕方がない。しかし、自分の話す様子を見ると、修正しやすいことも確かである。

質問のスクリプトでは、何かのキーを押せば、次に進むようにしたいので、質問の数という変数を、「データ」カテゴリーから作る。質問のスクリプトでは、その数を、何かのキーが押されるごとに、1つずつ増やして、質問内容を変えていく。図2では、7つの質問を設定した。

最後は、ビデオを切ることで、終了する。簡単なスクリプトなので、自由に質問内容を変えると、面白いだろう。

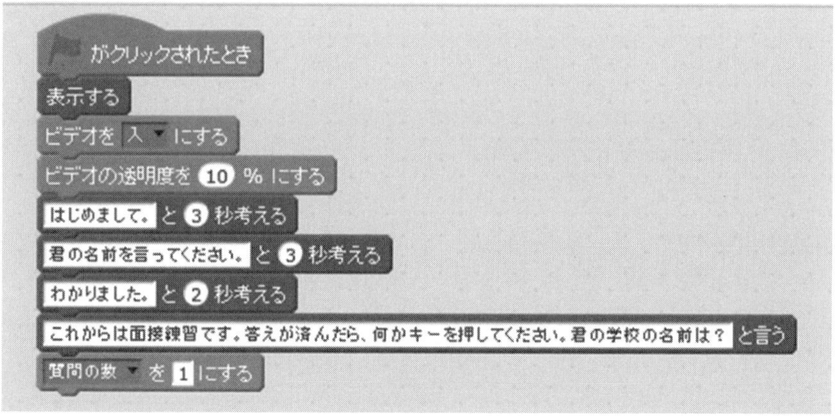

［図2-1］

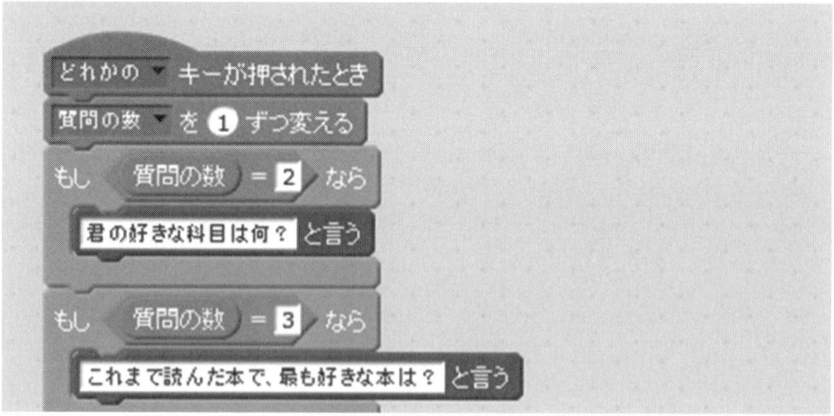

［図2-2］

17 総合的な学習　時間割作成

1. 教材のねらい

時間割作成という課題は、筆者が大学の教員養成で実施した。教育課程では、教科内容と同時に履修する教科等の授業時数が、学校教育法施行規則によって定められている。例えば、小学校３年生の国語は１年間で245時間などと決められている。ただし、この時間は、単位時間のことで45分であるが、この授業時数を超えて授業をしても良いが、下回ってはいけない。これではわかりにくいので、学校では、週の時間割を作成して子どもたちに提示しているが、その時間割を、学生たちに作成させてきた。

年間の授業時数を週に直すには、年間で何週授業を実施しなければならないかを知る必要があるが、学習指導要領に35週と明記されているので、その年間の授業時数を35で割れば、週当たりの授業回数が出てくるが、これをコマと呼んでいる。先の小学校3年生の国語では、7コマとなる。このようにして、学生たちが自由に自分なりの時間割を作らせたが、好評であった。ただし、問題がある。それは、紙に書いた時間割なので、修正したい時に、面倒になる。どこかを１つ動かせば、他の教科も動かす必要が生じるので、消しゴムのくずに囲まれる。

このように面倒なので、現実にも時間割作成アプリも市販されているが、この教材は、プログラミングによって、子どもたちに、自分の好きな時間割を作らせることが、ねらいである。

図１は、その画面である。画面（ステージ）に時間割の表があって、今、国語を選んで、月曜の2時間目に移動させた場面を示している。子どもは、画面（ステージ）の下方にある教科のカードを選んで、時間割の表に、マウスか指で移動させればよい。紙と違って、移動させたり、元に戻したり、入れ替えたり、自由にできる。

この教材の優れている点は、子どもの自由さを保証していることである。時間割は、学校が決め、子どもに与えるものという考えは、疑いようもない。しかし、諸外国では、もっと自由な時間割がある。自分たちの好みで時間割を作れること自身が、子どもたちにとって、素晴らしい経験なのである。自分だったら、こうしたい、と思うのは、大学生でも同じであった。だから、好評だった。時間割が自由に作れることは、確かに素晴らしいことなのである。

［図1］

2. プログラミングの特徴

図２に、国語のスクリプトを示す。図1のように、国語、算数などのカードをスプライトとして取り込む。この教科等のカードは、パワーポイントで作成しjpgで保存した。教科等のスプライトは、画面（ステージ）に適当な位置に置けば、自動的に位置座標が決まる。国語は7コマなので、7個分の国語カードを作るため、自分自身のクローンを6回作る。

このようにして、各教科等で、それぞれのコマ数に応じて、クローンを作れば、終わりである。きわめて簡単なスクリプトなので、子どもたちで作成できる。国語だけサンプルを示して、後は子どもたちに任せれば良いだろう。

ただし、教科等カードや時間割の表などは、教師が作成する必要がある。すべて、パワーポイントでできるので、労力は少ない。

図３に、時間割が完成した画面（ステージ）を示す。筆者が適当に配置したが、

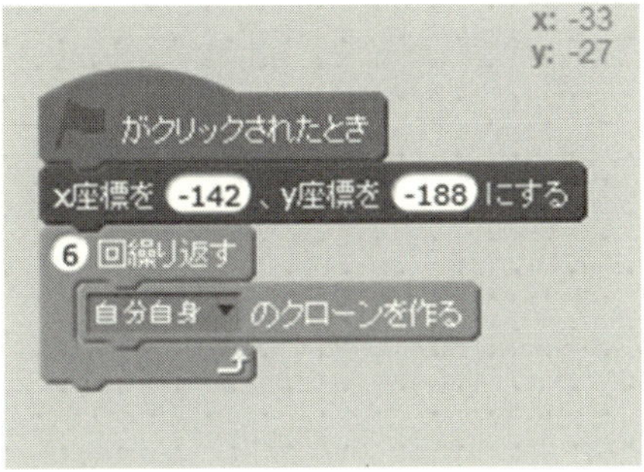

［図2］

プログラミングに適した教材だと思われるだろう。7コマの国語はどこに配置するか、体育はどこがいいか、総合は連続がいいか、5時間と6時間の曜日が出てくるが、どのように配置するか、など、いろいろな要因を考えて、時間割を作成しなければならない。それは、プログラミング的思考そのものと言えよう。

なお、図３ですべての教科等を配置したので、画面（ステージ）の下方には、教科等カードはなくなっていることにも、注目していただきたい。

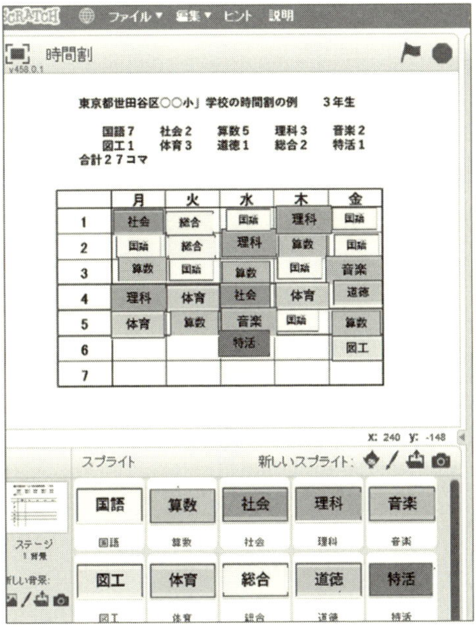

［図3］

18 総合的な学習 経路問題（アンプラグド）

1. 教材のねらい

経路や迷子問題は、プログラミング教育の定番と言ってもよいので、この教材については、詳細は述べない。よく知られた問題で、プログラムという意味を知る上で、優れた教材と言える。特に小学校の低中学年では、興味深い。

図1は、男の子が、左下にいて、上にある花を拾って、右下にいる女の子に届けるというプログラムを作るという課題である。Scratchのようなプログラム言語を使わないプログラミングなので、アンプラグド（プラグを抜いたという意味で、PCなどを使わない）と呼ばれる。

PC環境が完備されていない学校では、アンプラグドは歓迎される傾向にあり、コーディングしないで、プログラムそのものを理解させるねらいがある。

さて図1では、例えば、①前に4歩進む、②右に2歩進む、では、この時点で間

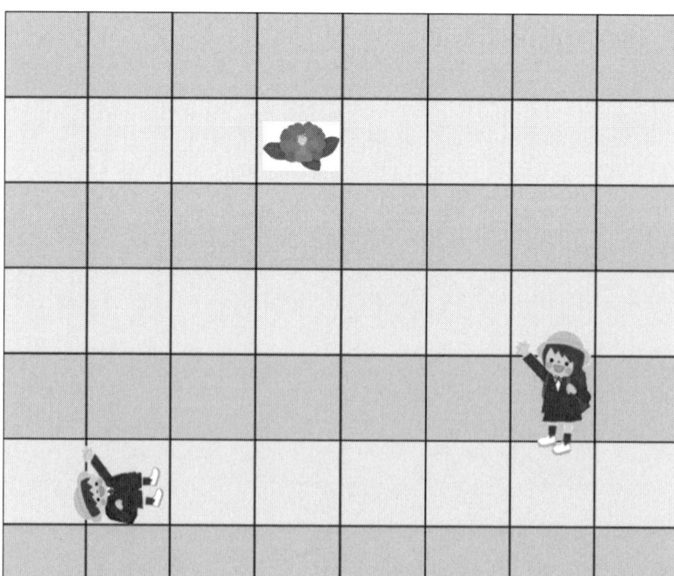

［図1］

違いである。コンピュータは、言われた通りに実行する機械なので、この言葉通りでは、②で男の子は、上向きに向いたまま、カニの横歩きのように歩くことになる。プログラムは事前に作成するものなので、子どもたちが2人ペアになって、相談しながらプログラムを紙に書いて、1人が読み上げ、他方がその通り実行する方法がやりやすい。例えば、待っている女の子がプログラムを読み上げ、男の子が実行する。②を読み上げた時に、誤りだと気づく。したがって修正をする。修正は、②右を向く、③前に2歩進む、のようになる。このように、実際にやってみないと気づかないことが多いのである。

例えば、もし図1が教室だったら、どうだろうか。男の子は、①前に4歩進む、という時点で誤りに気が付くだろう。教室では、通常は机があって椅子に座っているので、①椅子から立ち上がる、②体を机からずれさせる、③前に進む、のように細かくなるだろう。ロボットはプログラムされた通りに動く機械なので、ロボットの仕組み、コンピュータの仕組みを体験的に知る教材とも言える。

さらに、図2のような配置でプログラムを作ると面白いだろう。猛犬がいて、そ

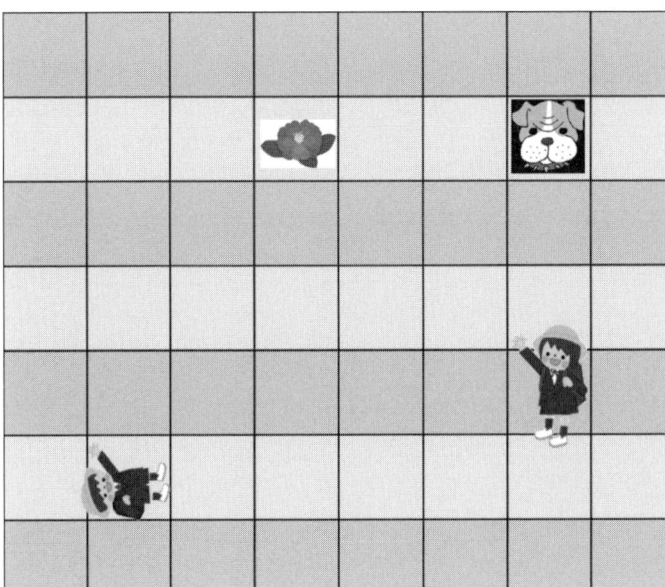

［図2］

の1歩手前で向きを変えなければならない。そして、女の子の前に来た時、顔の向きは、下向きなので、そのままの状態で花を渡すとなれば、横向きのまま花を渡すという、失礼な態度になることに、気が付く。そこで、向きを変えることになるが、ここでよく間違える。顔の向きは下向きなので、右に向くでは間違いで、左に向かなければならない。これも男の子が実際に読まれた通りに実行すると、その間違いに気付く。このように考えると、人間はよく間違える動物だということを発見する。コンピュータは言われた通り実行する忠実な機械ということも知るが、同時に人間のような融通性がないことも、知ることになる。

したがって、この教材は、実際に体験することに意味がある。体験して気づくことが多いのである。それが、プログラミングにおけるデバッグ（修正）の意味である。

［図3］

図3は、この教材をBSフジの番組で取り上げた光景である。マス目の代わりに、フラフープの丸い輪を置いて、図１と図2のプログラムを子どもたちが書いて、2人ペアで実行する場面であった。

事前打ち合わせなしで実行すると、間違える場面がいくつか出て、デバッグする意味が、子どもたちにもよく理解できた。小学生には、体験型のプログラミングも重要な活動である。その上で、これまで述べてきたScratchのようなプログラミングをすれば、より効果的と思われる。

アンプラグドの教材は、教師が得意とする場面が多いので、工夫すれば興味深い教材ができるだろう。

おわりに

本書を書き終わって、まだ頭に余韻が残っている。教材の内容やプログラミングの記述など、安堵感と共に、こうしたほうがいいのではないか、という考えが、浮かんでは消えていく。しかし、私自身としては、教育関係者にとって、本書は必ず参考になると信じている。地方自治体の教育委員会、教育センター、情報教育担当者などでは、どのようにプログラミング教育を進めていけばいいのか、迷っている声をよく耳にする。私は、このような教育現場の声に応えたい気持ちで、本書を上梓した。もし、自分が教員だったら、どうするだろうか、と思って執筆した。私自身も迷いながらも、プログラミング教育のもつ可能性は高く、今後に発展すると、期待している。その期待を、筆者の文献から引用して、「おわりに」の言葉としたい（赤堀、2018年b)。

「私は、総務省のプログラミング教育の実践研究に携わってきたが、ここで学んだことは多い。どのプロジェクトも、どの子どもも、「難しかったが、面白かった、楽しかった」と言う。難しかったが、という言葉に注目してほしい。やさしかったから、先生に褒めてもらえたから、簡単だったから、という理由ではないことである。それは、表面的なことに過ぎない。誰でも、学習した後や、何かを習得した後は、充実感がある。それは、学習への動機づけであるが、学習だけではないだろう。論文を書くことも、研究を続けることも、世の中の仕事さえも、やり遂げた、難しさを乗り越えた、という体験を通して、人は、その面白さを知っている。

プログラミングをして、一度で成功することは、ほとんどないことは、誰も経験しているだろう。そしてすべてのエラーが、自分の勘違いや、理解不足にあることに、気が付く。つまり、プログラミングには、デバッグがつきものなのである。それは、自分を見つめる目である。そこに、面白さを発見するのである。子どもは、算数や国語のテストでは、正解か誤答かを採点され、正解ならば喜び、誤答ならばがっかりする。しかし、プログラミングでは、誤答が普通であって、一度にすべてが正解などはあり得ないのである。誤答に意味があり、そこに知的な面白さや楽しさがあることは、発見と呼んでいい。それは、失敗に意味があることを、見つけたと言ってもよい。考えてみれば、ほとんどの人は、失敗しながら、今日を生きてきた。それは、失敗が苦痛だけではなく、面白さでもあり楽しさでもあることを、知っているからである。ある小学校6年生の子どもが、この1年間で最も楽しかった授業は、プログラミングの時間だったと、作文に書いた。失敗を乗り越えることの楽しさを知った言葉である。」

私は、プログラミング教育について、多くの人と研究交流を持った。(NPO)教育テスト研究センター赤堀研究室、ベネッセのプログラミング教育研究会、日本STEM教育学会、(公財)中央教育研究所プログラミング教育研究会、(一社)ICT CONNECT 21のプログラミング教育部会、つくば市総合教育研究所、総務省プログラミング教育プロジェクトの皆さんに、感謝したい。最後に、出版を引き受けていただいた、(株)ジャムハウスの池田利夫さんに、厚くお礼申し上げる。

著者紹介

赤堀侃司(あかほりかんじ)

東京工業大学大学院理工学研究科修了後、静岡県高等学校教諭、東京学芸大学講師・助教授、東京工業大学助教授・教授、を経て、白鷗大学教育学部長・教授、

現在、(一社)ICT CONNECT 21会長、(一社) 日本教育情報化振興会会長、東京工業大学名誉教授、工学博士

参考文献

●Australian Curriculum in Queensland, https://www.qcaa.qld.edu.au/p-10/aciq（2017年5月現在）

●Computing At School (CAS) (2015) , "CAS Computational Thinking - A Guide for teachers", http://community.computingatschool.org.uk/resources/2324（2017年5月現在）

●Computing at School Working Group, "Computer Science: A curriculum for schools", (2012) http://www.computingatschool.org.uk/data/uploads/ComputingCurric.pdf（2017年5月現在）

●CSTA(the Computer Science Teachers Association) Standards Task Force、CSTA K-12 Computer Science Standard 2016, (2016) https://c.ymcdn.com/sites/www.csteachers.org/resource/resmgr/Docs/Standards/2016StandardsRevision/INTERIM_StandardsFINAL_07222.pdf

●David H.Autor, Frank Levy, Richard J.Murnane, "The Skill Content of Recent Technological Change: An Empirical Exploration", The Quarterly Journal of Economics, November 2003
http://jouhouka.mext.go.jp/school/pdf/programming_syogaikoku_houkokusyo.pdf

●Jeannette M. Wing（ 著 ）（Computational Thinking, Communications of the ACM, Vol.49, No.3, pp.33-35、（Mar. 2006））、（翻訳中島秀之、Computational Thinking、計算論的思考、情報処理 Vol.56 No.6 June 2015）https://www.cs.cmu.edu/afs/cs/usr/wing/www/ct-japanese.pdf（2017年5月現在）

●Journal of STEM Education、http://editlib.org/j/JSTEM/v/17/n/4（2017年5月現在）

●Marcos Román-González, Juan-Carlos Pérez-González, Carmen Jiménez-Fernández; "Which cognitive abilities underlie computational thinking? Criterion validity of the Computational Thinking Test" ,Computers in Human Behavior, Volume 72, July 2017, pp. 678－691

●PISA調査問題例：http://www.nier.go.jp/kokusai/pisa/pdf/pisa2012_item_ps.pdf（2017年12月現在）

●赤堀侃司、「プログラミング教育の現状についての考察」教育テスト研究センター年報　第2号、pp.19－34、2017年a　https://www.cret.or.jp/dissertation/113/（2017年12月現在）

●赤堀侃司、「小学校からのプログラミング教育の必修化とは」、教室の窓（北海道版）小学校、Vol.5、pp.2－3、東京書籍、2017年b

●赤堀侃司、「プログラミング教育における論理的な思考とは何か」、学習情報研究論文誌、第261巻、第4号、pp.56－61、2018年a

●赤堀侃司、「小学校からのプログラミング教育」、情報学教育研究2018、2018年b

●大島 まり, 川越 至桜, 石井 和之、「大学と企業の協働によるアウトリーチ活動を基盤としたSTEM教育」、科学教育研究、Vol. 39 (2015) No. 2 pp.59－66

●太田剛、森本容介、加藤浩、「諸外国のプログラミング教育を含む情報教育カリキュラムに関する調査－英国, オーストラリア, 米国を中心として」、日本教育工学会論文誌、40(3), 197－208, 2016年

●大森康正、磯部征尊、山崎貞登（2016）「STEM教育とComputational Thinking重視の小・中・高等学校を一貫した情報技術教育の基準に関する日イングランド米比較研究」、上越教育大学研究紀要2016，pp.269－283

●北九州市教育センター・WEB問題・チャレンジシート・小学生版・中学生版
http://www.kita9.ed.jp/eductr/Handbook/Challengesheet/Elementaryschool/Challengesheet-s.html
（2017年12月現在）

●コトバンク、https://kotobank.jp/word/ヒューリスティックス-23094（2017年5月現在）

●小林輝美、「自己の映像を利用した英語プレゼンテーション改善に関する研究」、教育テスト研究センター年報　第2号　2017年、https://www.cret.or.jp/dissertation/113/

●佐々木綾菜，鷲崎弘宜，齋藤大輔，深澤良彰，武藤優介，西澤利治;小学校におけるプログラミング教育において活用可能なルーブリックの提案、日本デジタル教科書学会年次大会発表原稿集、Vol. 6 (2017)

pp.33－34
● 総務省、若年層に対するプログラミング教育の普及推進報告2017、2017年4月 http://programming.ictconnect21.jp/
● 大日本印刷、「諸外国におけるプログラミング教育に関する調査研究」（文部科学省平成26 年度・情報教育指導力向上支援事業）、2017年3月
● つくば市総合教育研究所、「つくば市プログラミング学習の手引き」2017年　http://www.tsukuba.ed.jp/~souken/（2018年1月現在）
● 中村めぐみ、「主体的・協働的な問題解決における論理的思考力の育成－小学校段階におけるプログラミング学習を通して－」、第32回（平成28年度）東書教育賞、（2017年3月）https://ten.tokyo-shoseki.co.jp/contest/tkyoiku/no32/nakamura.pdf
●広口正之、「シンギュラリティとは－2045年問題－」JNSA Press 第37号（2014年）http://www.jnsa.org/jnsapress/vol37/2_kikou.pdf
●フローチャートの基礎：http://masudahp.web.fc2.com/flowchart/flow06.html、（2017年12月現在）
● プログラミング教育に関する有識者会議（正式には、小学校段階における論理的思考力や創造性・問題解決能力等の育成とプログラミング教育に関する有識者会議）、（2016年）「小学校段階におけるプログラミング教育の在り方について」
http://www.mext.go.jp/b_menu/shingi/chukyo/chukyo3/053/siryo/__icsFiles/afieldfile/2016/07/08/1373901_12.pdf（2017年5月現在）
● ベネッセ；プログラミングで育成する資質・能力の評価規準（試作版）、https://beneprog.com/keyc/（2017年11月現在）
● 本田敏明、赤間文香、「プログラミング教育について：情報リテラシーの涵養かICT人材育成か」茨城大学教育学部紀要・教育科学, 66: 367－386（2017年）
● マルチメディア振興センター、「次世代ICT社会に向けた人材育成策とプログラミング教育の国際動向－米国、英国、フィンランドにおける将来ビジョンと社会連携－」、（一社）マルチメディア振興センター、2016年10月
●未来の学びコンソーシアム、https://miraino-manabi.jp/（2017年5月現在）
● 文部科学省、「小学校段階におけるプログラミング教育の在り方について」（平成28年6月）http://www.mext.go.jp/b_menu/shingi/chousa/shotou/122/attach/1372525.htm（2017年5月現在）
● 文部科学省、「平成２６年度文部科学省委託事業 情報教育指導力向上支援事業、プログラミング教育実践ガイド」、2017年3月　http://jouhouka.mext.go.jp/school/pdf/programing_guide.pdf（2017年5月現在）
● 文部科学省、小学校学習指導要領、（2008年a（平成20年）3月告示）文部科学省、小学校学習指導要領、（2017年a（平成29年）3月告示）http://www.mext.go.jp/a_menu/shotou/new-cs/__icsFiles/afieldfile/2017/04/27/1384661_4_1.pdf
● 文部科学省、中学校学習指導要領、（2008年b（平成20年）3月告示）文部科学省、中学校学習指導要領、（2017年b（平成29年）3月告示）http://www.mext.go.jp/a_menu/shotou/new-cs/__icsFiles/afieldfile/2017/04/26/1384661_5_1.pdf
●りかちゃんのサブノート：http://www.max.hi-ho.ne.jp/lylle/denryu5.html（2018年2月現在）
● 渡邉景子、原田康徳、「ビスケットで音楽演奏―小学校のクラブ活動での実践と今後の展開―」、日本教育工学会日本教育工学会第32 回全国大会発表要旨集、pp.297－298, 2016年

INDEX

英数字

あ行

か行

さ行

た行

な行

は行

ま行

ら行

● 万一、乱丁・落丁本などの不良がございましたら、お手数ですが株式会社ジャムハウスまでご返送ください。送料は弊社負担でお取り替えいたします。
● 本書の内容に関する感想、お問い合わせは、下記のメールアドレスあるいはFAX番号あてにお願いいたします。電話によるお問い合わせには、応じかねます。
メールアドレス◆ mail@jam-house.co.jp　FAX番号◆ 03-6277-0581

プログラミング教育の考え方とすぐに使える教材集

2018年 3 月29日　初版第1刷発行
2019年10月10日　初版第2刷発行

著者　赤堀侃司
発行人　池田利夫
発行所　株式会社ジャムハウス
〒170-0004　東京都豊島区北大塚 2-3-12
ライオンズマンション大塚角萬302号室
カバーデザイン　船田久美子（株式会社ジャムハウス）
本文DTP・印刷・製本　株式会社厚徳社

ISBN 978-4-906768-47-9
定価はカバーに明記してあります。